Une idée de méditation
par jour

Une idée
de méditation
par jour

Textes rassemblés
par
Janine Casevecchie

1

Le véritable lieu de naissance
est celui où l'on a porté,
pour la première fois,
un coup d'œil intelligent
sur soi-même.

Marguerite Yourcenar
(femme de lettres et académicienne
française ; 1903-1987)

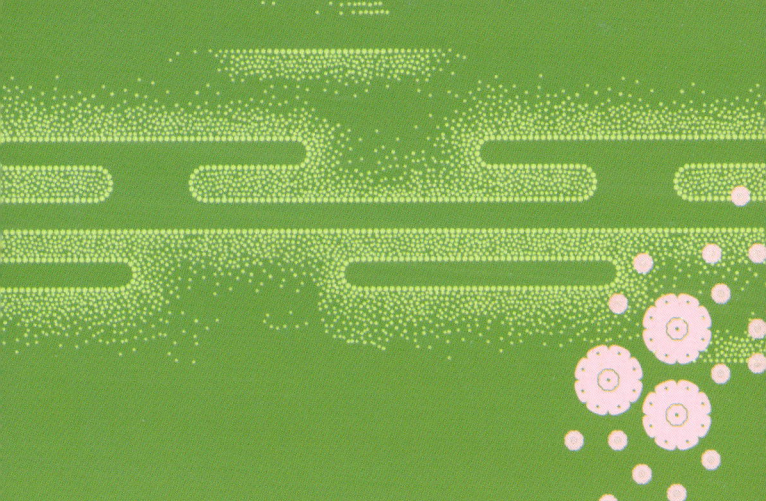

2

C'est parce qu'on imagine
simultanément tous les pas
qu'on devra faire qu'on
se décourage, alors qu'il
s'agit de les aligner un à un.

Marcel Jouhandeau
(écrivain français ; 1888-1979)

3

La vérité apprise d'autrui est sans valeur.
Seule compte, seule est efficace, la vérité
que nous découvrons nous-mêmes.

Alexandra David-Néel

(écrivain et exploratrice française ; 1868-1969)

4

L'archer a un point commun
avec l'homme de bien :
quand sa flèche n'atteint
pas le centre de la cible,
il en cherche la cause
en lui-même.

Confucius

(philosophe chinois ; 551-479 av. J.-C.)

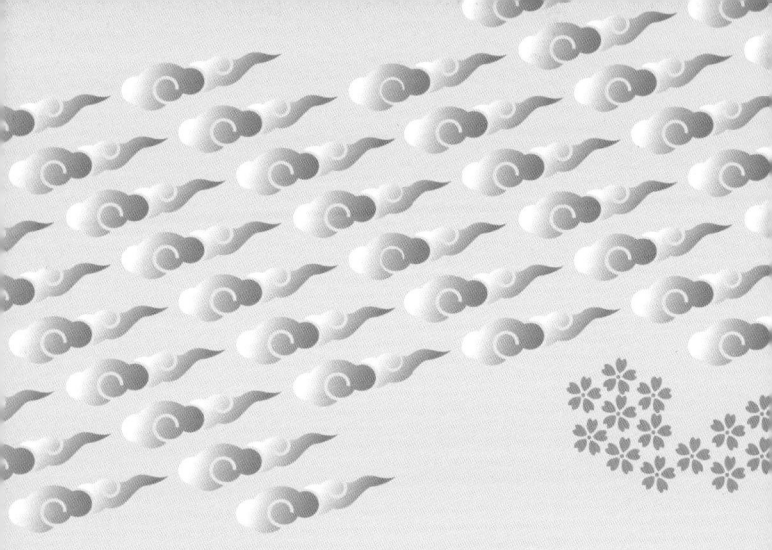

5
Soyez le maître du mental, plutôt que son esclave.
Proverbe chinois

6

L'impossible, nous ne l'atteignons pas,
mais il nous sert de lanterne.

René Char

(poète français ; 1907-1988)

7

Avoir un but est une maladie de l'esprit. Vous n'avez pas besoin d'avoir un but si, ici et maintenant, vous vous concentrez sur ce que vous faites. Ouvrez les mains, et vous recevrez tout, même les biens matériels.

Taisen Deshimaru
(moine bouddhiste zen japonais ; 1914-1982)

8

**Connaître autrui n'est que science ;
se connaître, c'est intelligence.**

Lao Tseu

(philosophe chinois ; 570-490 av. J.-C.)

9

Aucun flocon de neige ne se sent responsable de l'avalanche.

Voltaire

(écrivain et philosophe français ;

1694-1778)

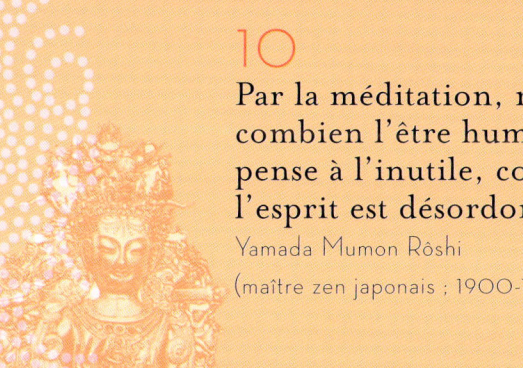

10

Par la méditation, réaliser combien l'être humain pense à l'inutile, combien l'esprit est désordonné.

Yamada Mumon Rôshi

(maître zen japonais ; 1900-1988)

11

**Fais du bien à ton corps
pour que ton âme
ait envie d'y rester.**

Proverbe indien

12

Il ne s'agit pas dans la méditation
d'essayer d'atteindre l'extase,
la félicité spirituelle, ou le calme ;
ni d'essayer de devenir
une personne meilleure. Il s'agit
de créer un espace dans lequel
nous pouvons mettre au jour
nos jeux névrotiques, nos illusions,
nos espoirs et nos craintes,
pour les détruire.

Chögyam Trungpa Rinpoché
(maître bouddhiste tibétain ; 1939-1987)

13

Souffrir signifie méditer
sur une sensation
de douleur ; philosopher,
méditer sur
cette méditation.
Émil Cioran
(philosophe et écrivain roumain ;
1911-1995)

14

La méditation
sur l'impermanence
et sur la souffrance
génère le renoncement
à toute forme
d'attachement.

Tenzin Gyatso
(chef bouddhiste tibétain,
14ᵉ dalaï-lama ; né en 1935)

15

Dans la méditation,
Dieu parle et l'homme
écoute. Dans la prière,
l'homme parle et
Dieu écoute.

Daniel Bourguet
(pasteur de l'Église réformée de France ;
né en 1946)

16

Vous n'arrivez pas
à méditer une demi-heure
par jour ? Méditez
cinq mille fois par jour
une seconde.

Arnaud Desjardins
(grand reporter et écrivain français ;
né en 1925)

17

Vous n'avez besoin ni d'encens,
ni de prière, ni d'invocation
du nom Bouddha, ni de confession,
ni d'écritures saintes. Asseyez-vous
et méditez.

Eihei Dôgen
(maître bouddhiste et philosophe japonais ;
1200-1253)

18

Le chemin de la sagesse ou
de la liberté est un chemin qui mène
au centre de son propre être.

Mircea Eliade

(écrivain et philosophe roumain ; 1907-1986)

19

Quand l'homme atteint
la vérité ultime, il s'aperçoit
qu'il n'existe rien qui
ne soit en lui.

Hazrat Inayat Khan
(musicien mystique et maître soufi indien ;
1882-1927)

20

Les hommes vraiment grands
de l'histoire universelle ou bien
ont médité, ou bien ont trouvé
sans s'en rendre compte la voie
qui aboutit où nous mène
la méditation.

Hermann Hesse

(romancier et poète suisse ; 1877-1962)

21

Chaque moment éclipse le moment d'avant. Peu importe ce qui arrive, ceci est le présent. Fais-y ta maison.

Parole zen

22

Par la pratique de la méditation,
notre perception de nous-même
se modifie sous l'accroissement de
notre sensibilité et de notre conscience
du monde. Notre esprit dispose
d'un meilleur accès au calme et
à la clarté, notre mode de perception
de nous-même devient plus intuitif
et direct, nous commençons à
nous comprendre vraiment, avec plus
de compassion.

Christina Feldman
(enseignante britannique de méditation bouddhiste ;
née en 1946)

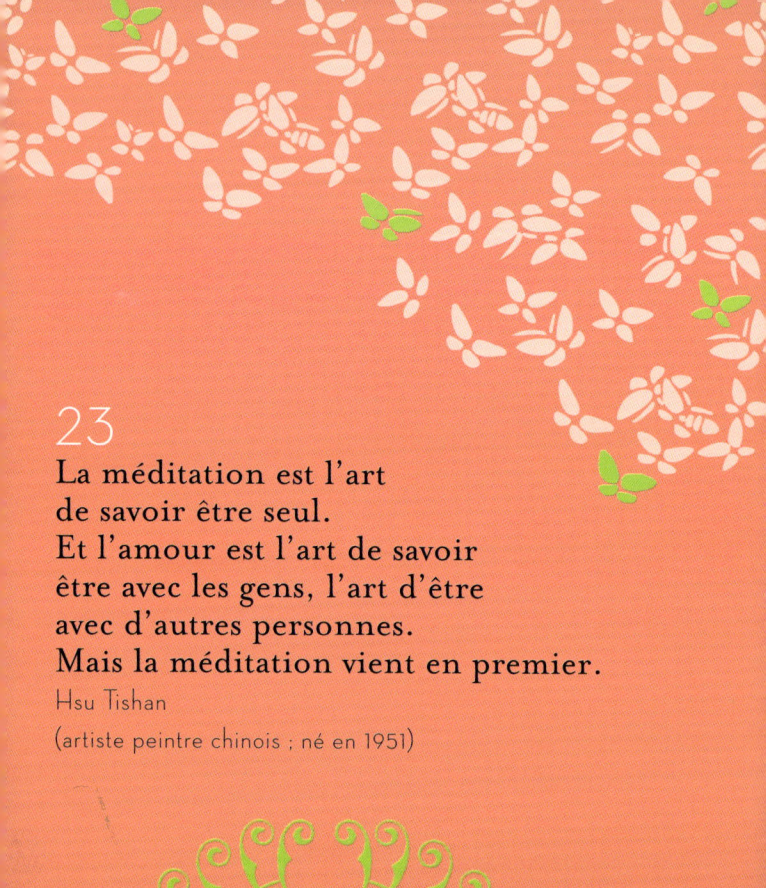

23

La méditation est l'art
de savoir être seul.
Et l'amour est l'art de savoir
être avec les gens, l'art d'être
avec d'autres personnes.
Mais la méditation vient en premier.

Hsu Tishan

(artiste peintre chinois ; né en 1951)

24

Toute la vie des philosophes
est une méditation de la mort.

Cicéron

(homme politique et orateur latin ; 106-43 av. J.-C.)

25

L'écoute est une méditation constante,
sans personne pour méditer ni objet
de méditation.

Jean Klein

(écrivain et maître spirituel français ; 1912-1998)

26

Une autre vie existe plus haut, plus bas, au plus profond de soi.

Extrait de la Bhagavad Gîtâ
(poème philosophique et religieux indien ;
IIe siècle av. J.-C.)

27

La pensée n'est jamais innocente.
La méditation met fin à la pensée,
mais non par l'action de celui
qui médite, car celui qui médite
n'est autre que la méditation.

Jiddu Krishnamurti

(écrivain et philosophe indien ; 1895-1986)

28

La nature du Bouddha est en vous, partout, dans votre corps, vos cellules.

Taisen Deshimaru

(moine bouddhiste zen japonais ; 1914-1982)

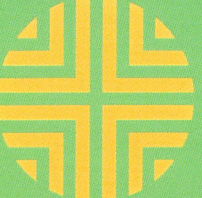

29

Méditer sur la vie
et la mort, ne pas rester
sur les apparences,
la mort peut arriver
à tout moment,
c'est la loi de la vie.

Daniel Maurin

(naturopathe français ; 1948-2004)

30

La méditation est le moyen
de purifier l'esprit de ce
qui est déjà là : au début
on découvre les négativités
grossières puis les plus
subtiles. Alors soyez patients !

Kathleen McDonald

(enseignante américaine et nonne
bouddhiste ; née en 1952)

31

Ayant médité la douceur
et la compassion, j'ai oublié
la différence entre moi et les autres.

Milarepa

(moine bouddhiste tibétain ; 1040-1123)

32

**La méditation et la prière
sont à l'âme ce que la nourriture
est au corps physique.**

Swâmi Chandra

(moine et écrivain bouddhiste pakistanais ;

né en 1930)

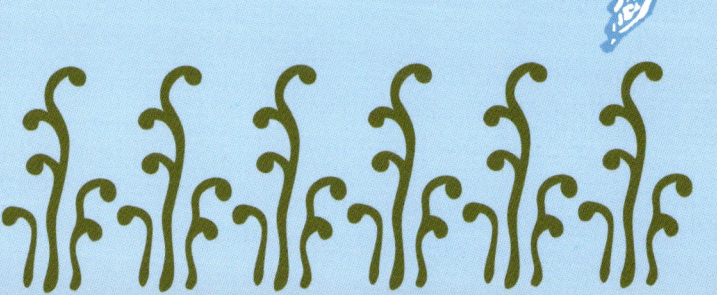

33

Le mental est le Seigneur des sens,
mais le souffle règne sur le mental.
Le contrôle du souffle vous mènera donc
au contrôle du mental et à la libération.

Paramahansa Hariharananda

(mystique indien ; 1908-2002)

34

Que fait-on dans la rue,
le plus souvent ?
On rêve.
C'est un des lieux
les plus méditatifs
de notre époque,
c'est notre sanctuaire
moderne, la Rue.

Louis-Ferdinand Céline
(écrivain français ; 1894-1961)

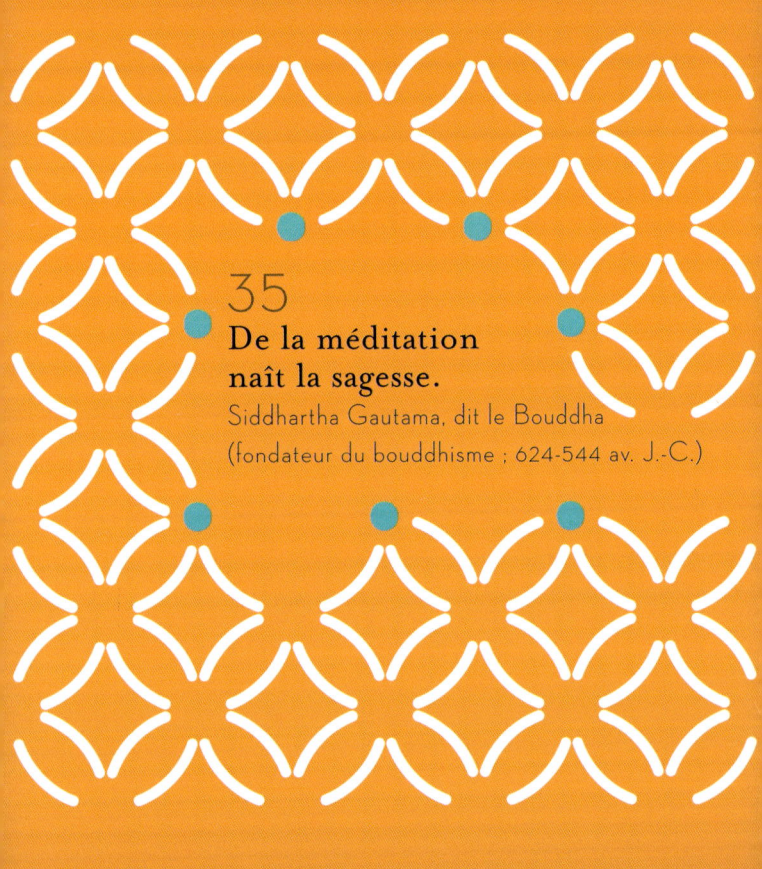

35

**De la méditation
naît la sagesse.**

Siddhartha Gautama, dit le Bouddha
(fondateur du bouddhisme ; 624-544 av. J.-C.)

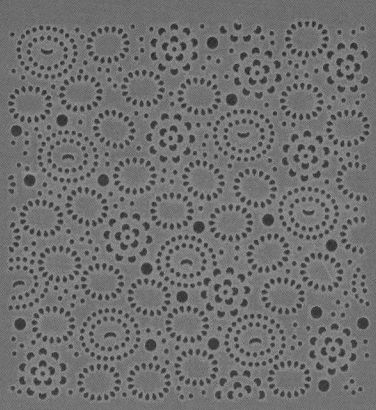

36

Ne t'en vas pas au-dehors,
rentre en toi-même ;
au cœur de la créature
habite la vérité.

Saint Augustin
(philosophe, théologien et écrivain français ;
354-430)

Soyez assis avec toute la majesté inaltérable
et inébranlable de la montagne.
Laissez votre esprit s'élever,
prendre son essor et planer dans le ciel.

Sogyal Rinpoché

(maître bouddhiste tibétain ; né en 1947)

38

La sagesse n'est pas
la méditation de la mort,
mais la méditation de la vie.

Baruch Spinoza
(philosophe hollandais ; 1632-1677)

39

**Comment définir la méditation ?
Comme la sagesse à la recherche
de la sagesse.**

Suzuki Shunryu Roshi

(maître bouddhiste zen japonais ; 1904-1971)

40

Lorsque nous pratiquons la méditation assise, nous devons d'abord ramener notre corps à notre esprit et notre esprit à notre corps. Nous nous asseyons de façon à être réellement présent.

Thich Nhat Hanh

(moine bouddhiste vietnamien ; né en 1926)

41

Rassemblez votre esprit dans la paix,
descendez en vous-même et contemplez
le Soi. La sagesse que vous cherchez
est au centre de vous-même.

Extrait de la Bhagavad Gîtâ
(poème philosophique et religieux indien ; II° siècle av. J.-C.)

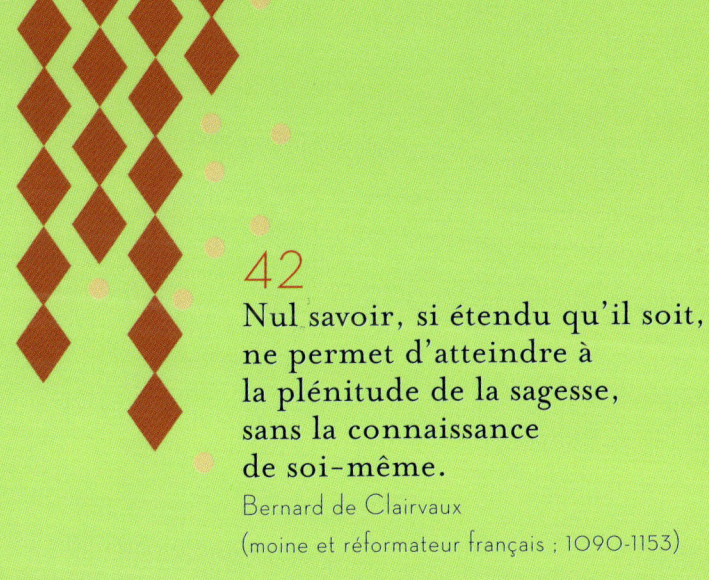

42

Nul savoir, si étendu qu'il soit,
ne permet d'atteindre à
la plénitude de la sagesse,
sans la connaissance
de soi-même.

Bernard de Clairvaux

(moine et réformateur français ; 1090-1153)

43

Le vide est la plénitude suprême.

Simone Weil

(philosophe française ; 1909-1943)

44

Il y a un lieu en moi où je vis toute seule.
C'est là que se renouvellent les sources
qui ne se tarissent jamais.

Pearl Buck

(femme de lettres américaine ; 1892-1973)

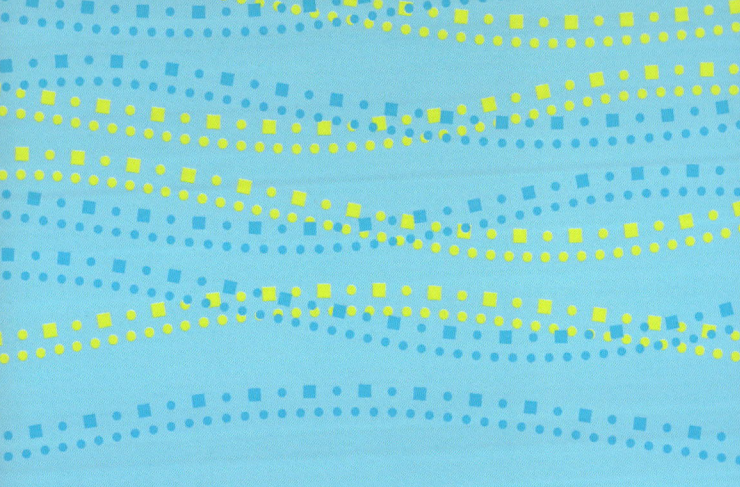

45

Devenir ce que nous sommes est la seule chose à faire ; mais ce vrai « nous-même » est ce qui est au-dedans de nous, et dépasser le moi extérieur de notre corps, de notre vie et de notre mental est la condition pour que cet être le plus haut, qui est notre être véritable et divin, se révèle et devienne actif.

Srî Aurobindo
(philosophe et mystique indien ; 1872-1950)

46

Il faut regarder le néant
en face pour savoir en triompher.

Louis Aragon

(écrivain français ; 1897-1982)

47

Il n'y a pas de véritable méditation
qui ne laisse pas épuisé.

Victor-Lévy Beaulieu

(écrivain canadien ; né en 1945)

48

Au cœur de la méditation bouddhique
se trouvent la concentration et l'investigation.
Lorsque vous cultivez ces deux qualités
dans la méditation, vous développez
votre capacité à être tranquille et clair,
à offrir compréhension et amour.

Martine Batchelor

(nonne bouddhiste française ; née en 1953)

49

Vous pouvez attendre certains bénéfices
de la méditation. Les premiers sont d'ordre
pratique ; les derniers stades sont
profondément transcendantaux.
Ils convergent du simple vers le sublime.

Bhante Henepola Gunaratana
(maître bouddhiste indien ; né en 1927)

50

Voir un monde dans un grain de sable
Un paradis dans la fleur sauvage
Tenir l'infini dans sa paume
Et l'éternité dans l'heure.

William Blake
(poète anglais ; 1757-1827)

51

**Nous avons à l'intérieur
les merveilles que nous cherchons
au-dehors.**

Sir Thomas Browne

(écrivain anglican anglais ; 1605-1682)

52

Lorsque l'esprit connaît
la tranquillité, il soumet
l'univers tout entier.

Tchouang-tseu

(penseur chinois ; 369-286 av. J.-C.)

53

Peu importe le chemin :
tous les chemins se valent.
L'important est de suivre
un chemin qui a du cœur.

Carlos Castaneda

(écrivain et anthropologue américain ; 1925-1998)

54

Aller jusqu'au bout,
ce n'est pas seulement
résister, mais aussi
se laisser aller.

Albert Camus
(écrivain français ; 1913-1960)

55

En filtrant le sable de la rivière,
le chercheur d'or finit par trouver la pépite.
De même, chacun peut trouver la vérité
en soi.

Hervé Desbois
(écrivain franco-canadien ; né en 1954)

56

Notre esprit est, en général, occupé
par une production incessante de pensées,
semblable à de l'eau en train de bouillir.
Méditer pour apaiser ce bouillonnement
et demeurer dans un état stable,
sans tensions, est ce qu'on appelle
la pacification mentale.

Bokar Rinpoché
(grand maître bouddhiste tibétain ; 1940-2004)

57

La personne qui entre d'un côté
de l'expérience méditative n'est pas
la même que celle qui sort de l'autre côté.

Bhante Henepola Gunaratana

(maître bouddhiste indien ; né en 1927)

58

Sur le chemin spirituel,
il ne faut rien chercher
qui serait extraordinaire.
L'extraordinaire est
dans la profondeur
de l'ordinaire.

Karlfried Graf Dürckheim
(maître zen allemand ; 1896-1988)

59

La vraie valeur d'un être
humain est déterminée
principalement par la mesure
et la sensation qu'il a atteint
la libération de son moi.

Albert Einstein
(physicien allemand ; 1879-1955)

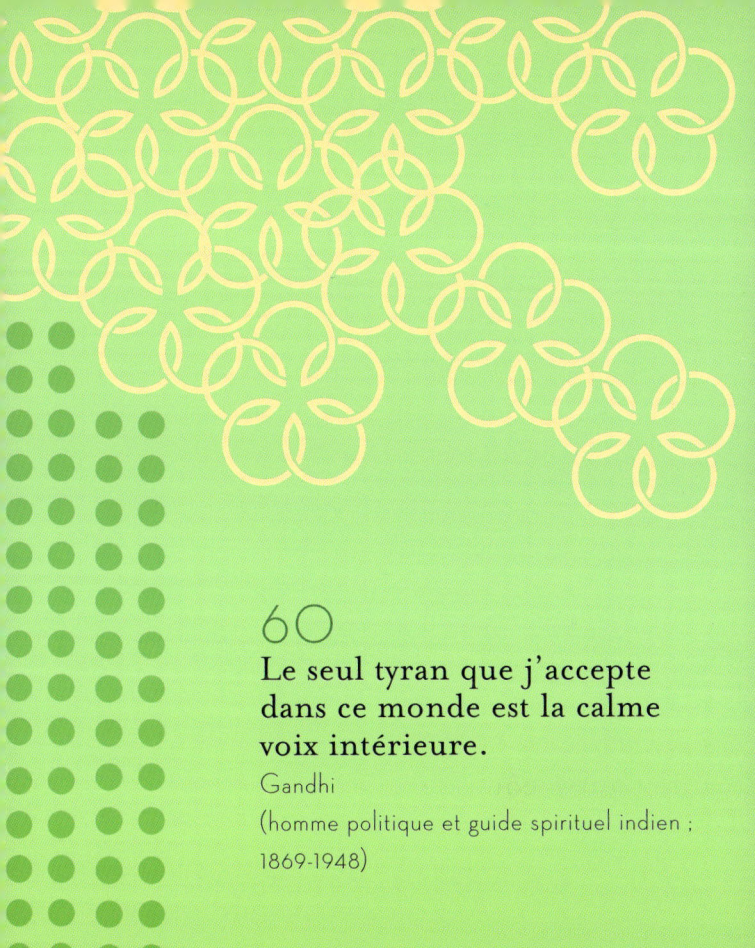

60

**Le seul tyran que j'accepte
dans ce monde est la calme
voix intérieure.**

Gandhi

(homme politique et guide spirituel indien ;
1869-1948)

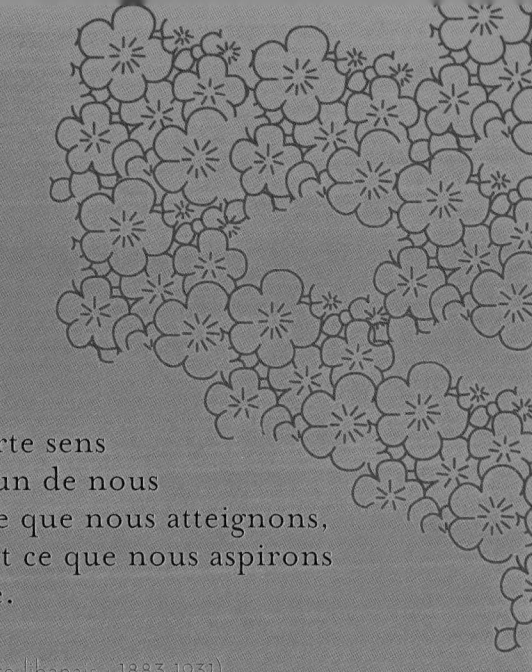

61

Ce qui porte sens
pour chacun de nous
n'est pas ce que nous atteignons,
mais plutôt ce que nous aspirons
à atteindre.

Khalil Gibran
(poète et peintre libanais , 1883-1931)

62

Quand vous pratiquez le contrôle de l'esprit en faisant zazen (méditation), tenez-vous assis dans une position correcte, restez parfaitement calme et ne laissez pas le moindre mouvement de votre esprit vous perturber. C'est cela seulement que l'on appelle libération.

Huang Po
(grand maître bouddhiste chinois ; IXe siècle)

63

La prière, la méditation,
même individuelle,
est toujours universelle,
elle a même une dimension
cosmique.

Carl-Albert Keller
(professeur d'université suisse ;
1920-2008)

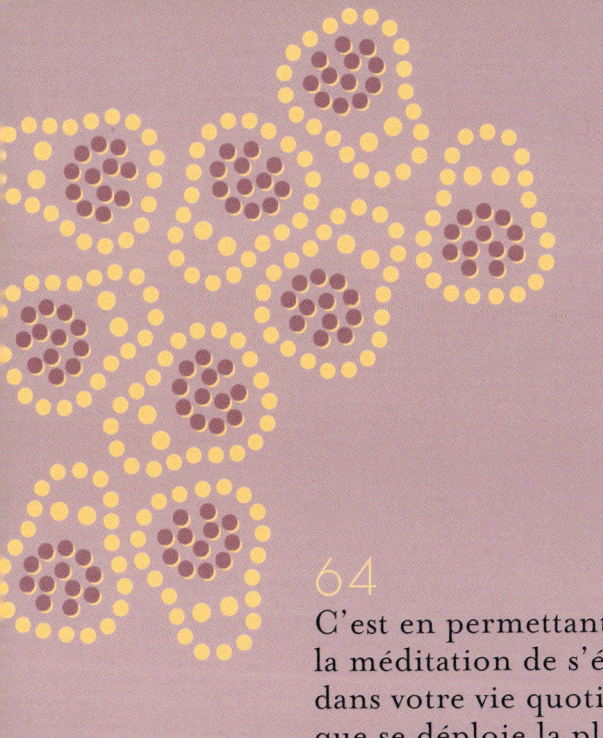

64

C'est en permettant à
la méditation de s'épanouir
dans votre vie quotidienne
que se déploie la plénitude
de votre vraie nature.

Jean Klein

(écrivain et maître spirituel français ;
1912-1998)

65

La méditation n'est pas une activité
dans l'isolement, mais une action
dans la vie quotidienne, faite
de coopération, de sensibilité
et d'intelligence.

Jiddu Krishnamurti
(écrivain et philosophe indien ; 1895-1986)

66

Regarde quelque chose
et tu ne vois rien.
Ne regarde rien et tu vois tout.

Koan zen

(court aphorisme à méditer)

67

**Le silence permet
de trouver son destin.**

Lao Tseu

(philosophe chinois ; 570-490 av. J.-C.)

68

La seule chose qui ne changera
jamais, c'est que tout est
toujours en train de changer.

Extrait du Yi King

(*Livre des Mutations*, texte sacré
de l'hindouisme ; 2000 av. J.-C.)

69

La méditation n'est pas
un accomplissement
— elle est déjà là,
elle est votre nature.

Acharya Rajneesh, dit Osho
(maître spirituel indien ; 1931-1990)

70

Le silence assure la grâce et l'équilibre parfait du corps, de l'âme et de l'esprit. L'homme qui garde son calme intérieur et se préserve des orages de l'existence a, dans l'esprit du sage illettré, l'attitude idéale pour diriger sa vie.

Charles Eastman, dit Ohiyesa
(écrivain indien sioux ; 1858-1939)

71

En méditant sur la lumière et la clarté, on peut toucher l'esprit et obtenir la paix.

Patanjali

(fondateur du yoga, indien ;

IIe siècle av. J.-C.)

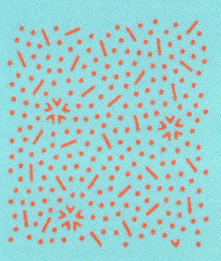

72

Quand vous marchez,
marchez. Quand vous
êtes assis, soyez assis.
Ne vous éparpillez pas.

Parole zen

73

Cet esprit et ce corps sont notre demeure.
Si notre demeure intérieure n'est pas
en ordre, aucune demeure extérieure
ne peut l'être.

Ayya Khema

(nonne bouddhiste d'origine allemande ; 1923-1997)

74

L'objet de la méditation
est l'esprit. La méditation
n'a pas pour but de le briser
ni de l'anesthésier, mais de
le rendre libre, clair et équilibré.

Matthieu Ricard
(moine bouddhiste français ; né en 1946)

75

Que peut le temps contre
un homme nu qui médite seul,
la nuit, face à la mer ?

Yvon Rivard

(écrivain canadien ; né en 1945)

76

**Vous recherchez trop l'information
et pas assez la transformation.**

Saï Baba de Shirdi

(saint indien ; 1838-1918)

77

Innombrables
sont nos voies,
et nos demeures
incertaines.

Saint-John Perse
(poète et diplomate français ;
1887-1975)

78

Si instant après instant,
vous pouvez garder l'esprit clair,
alors rien ne peut vous troubler.

Sheng Yen
(moine bouddhiste chinois ; 1930-2009)

79

**Soyez à vous-même votre propre refuge.
Soyez à vous-même votre propre lumière.**

Siddhartha Gautama, dit le Bouddha

(fondateur du bouddhisme ; 624-544 av. J.-C.)

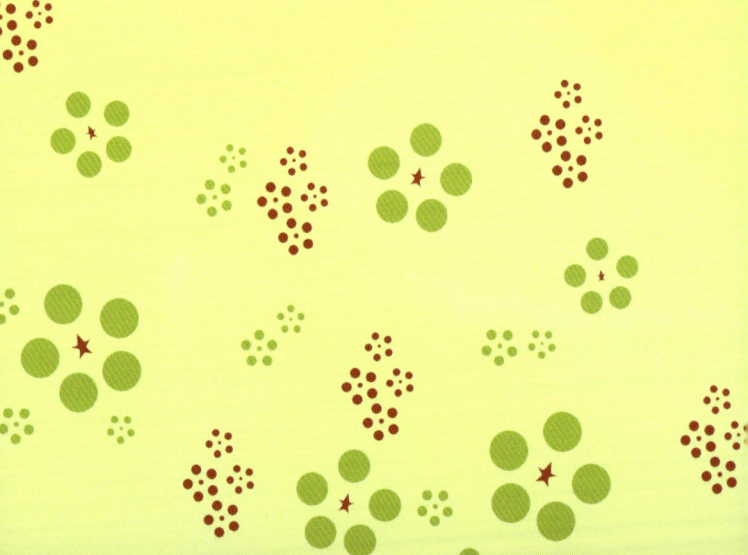

80

Il faut des moments de calme
pour observer sa vie ouvertement
et honnêtement... Passer ces moments
seul sonne à ton esprit l'opportunité
de se renouveler et de créer de l'ordre.

Susan Taylor
(journaliste américaine ; née en 1946)

81

Il existe deux types de méditation,
l'une conduit à la parfaite concentration,
au calme, à la paix, et à la sérénité
du mental, et l'autre à la Réalisation
ou Illumination et par conséquent,
à la parfaite paix du mental.

Thich Nhat Hanh
(moine bouddhiste vietnamien ; né en 1926)

82

La méditation a pour but de nous
faire voir la réalité telle qu'elle est,
de démasquer les causes profondes
de la souffrance, de dissiper
la confusion mentale qui nous
incite à chercher le bonheur
là où il ne se trouve pas.

Matthieu Ricard
(moine bouddhiste français ; né en 1946)

83

Un œil pur et un regard fixe voient toutes choses devant eux devenir transparentes.

Paul Claudel

(écrivain et diplomate français ; 1868-1955)

84

On ne peut jouir de la béatitude
que si l'on ne la recherche pas.

Bhante Henepola Gunaratana

(maître bouddhiste indien ; né en 1927)

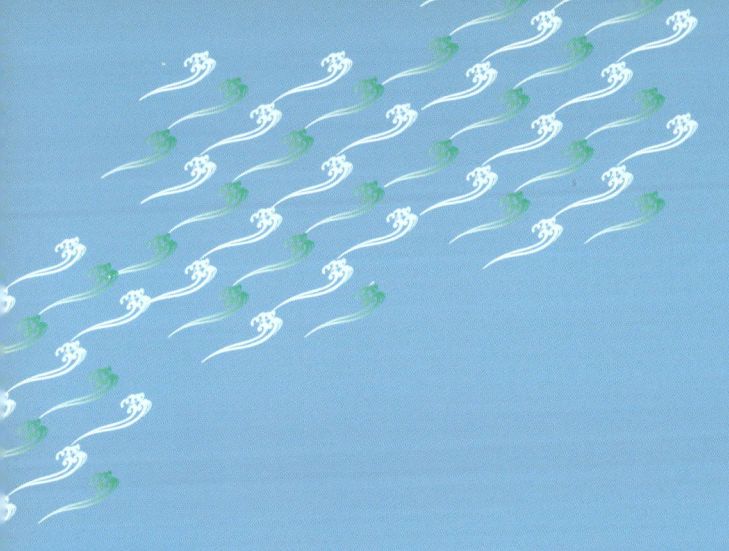

85

Si l'on ignore la méditation
faite de repos continu, à quoi
peut mener une méditation
obstruée de pensées ?

Brug-pa Kun

(poète mystique tibétain ; XVe siècle)

86

Il n'y a personne qui soit né sous
une mauvaise étoile, il n'y a que des gens
qui ne savent pas lire le ciel.

Tenzin Gyatso

(chef bouddhiste tibétain, 14e dalaï-lama ; né en 1935)

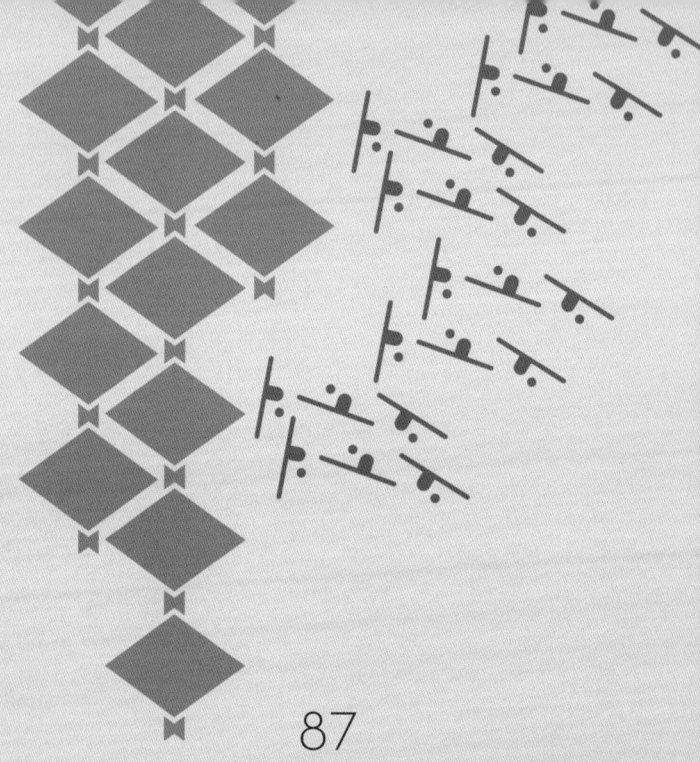

87
**La porte de l'invisible
doit être visible.**

René Daumal
(écrivain français ; 1908-1944)

88

Le but de la voie
est toujours la mort
de celui qu'on a été
afin de vivre à un
tout autre niveau.

Arnaud Desjardins
(grand reporter et écrivain français ;
né en 1925)

89

Pense à ce qui ne pense pas. Comment
peux-tu penser à ce qui ne pense pas ?
Ce n'est pas penser. C'est tout l'art
de la méditation zen.

Eihei Dôgen

(maître bouddhiste et philosophe japonais ; 1200-1253)

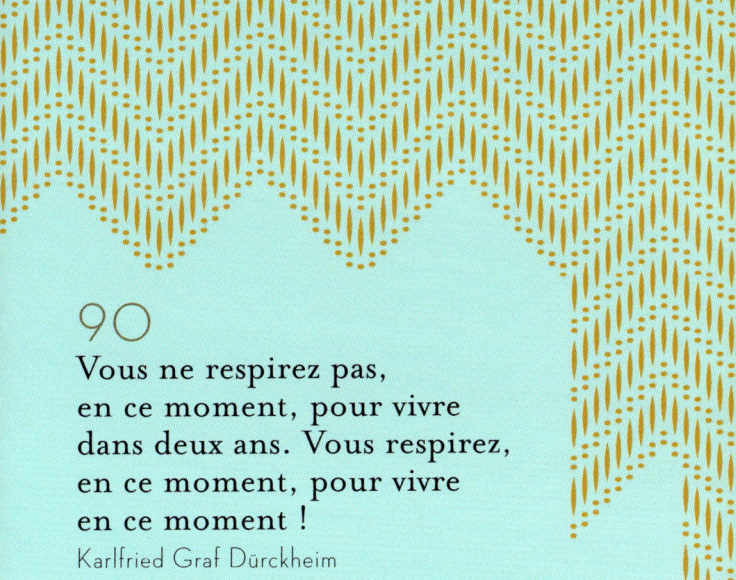

90

Vous ne respirez pas,
en ce moment, pour vivre
dans deux ans. Vous respirez,
en ce moment, pour vivre
en ce moment !

Karlfried Graf Dürckheim
(maître zen allemand ; 1896-1988)

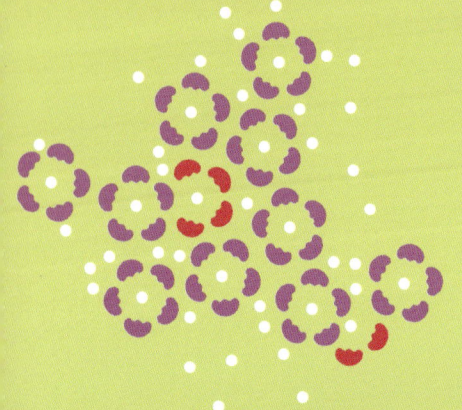

91

La concentration sur la respiration
fait voir un sentiment obscur
de présence dans le corps, une calme
conscience de sa propre grandeur.

Mircea Eliade

(écrivain et philosophe roumain ; 1907-1986)

92

Ne suivez pas un chemin tout tracé,
mais allez où il n'y a pas de chemin
et ouvrez la trace.

Ralph Waldo Emerson

(écrivain et philosophe américain ; 1803-1882)

93

Que ta vision soit
à chaque instant nouvelle.
Le sage est celui qui s'étonne de tout.

André Gide

(écrivain français ; 1869-1951)

94

Le zen nous ramène, par notre travail
sur nous-mêmes, au monde ordinaire
pour devenir tout simplement
des gens ordinaires.

Gudo Roshi Nishijima

(maître japonais de zazen ; né en 1919)

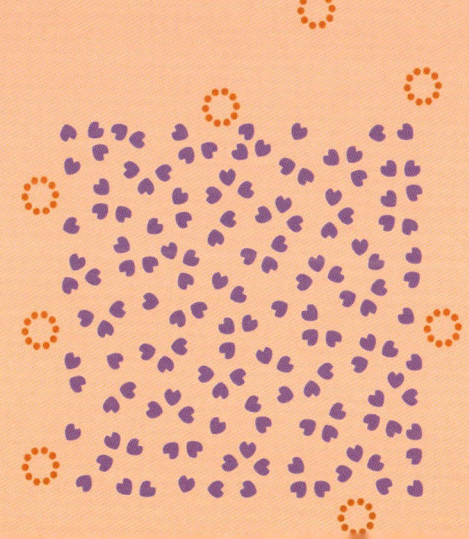

95

Rien ne fut, rien ne sera ;
tout est, tout a sa vie et appartient
au présent.

Hermann Hesse

(romancier et poète suisse ; 1877-1962)

96
**Dans connaître,
il y a naître.**

Victor Hugo

(écrivain et poète français ;
1802-1885)

97

Expirer traduit de la compassion.
C'est le temps respiratoire du don
et du lâcher. Inspirer, c'est recevoir.
C'est comme la naissance et la mort.
Inspirer c'est renaître. En d'autres
termes, en moi j'ai la capacité
d'absorber la vie.

Jakusho Kwong Roshi
(moine bouddhiste zen américain ; né en 1935)

98

La lumière existe
dans l'obscurité ;
ne vois pas avec
une vision obscure.

Koan zen
(court aphorisme à méditer)

99

La méditation n'est pas un moyen
d'atteindre quelque chose.
Elle est à la fois le moyen et la fin.

Jiddu Krishnamurti

(écrivain et philosophe indien ; 1895-1986)

Méditer c'est regarder profondément
dans le cœur des choses.

Thich Nhat Hanh

(moine bouddhiste vietnamien ; né en 1926)

101

Il est difficile d'imaginer quelque chose de plus ennuyeux que de rester assis calmement pendant une heure sans rien d'autre à faire que de sentir l'air entrer et sortir de son nez.
Dans votre méditation, vous serez très souvent confronté à l'ennui.
Cela arrive à tout le monde. L'ennui est un état mental et devrait être traité comme tel.

Bhante Henepola Gunaratana
(maître bouddhiste indien ; né en 1927)

102

La méditation est
un paradis perdu,
mais il peut être
retrouvé.

Acharya Rajneesh, dit Osho
(maître spirituel indien ; 1931-1990)

103

Ce n'est pas si facile
de devenir ce qu'on est,
de retrouver sa mesure profonde.

Albert Camus

(écrivain français ; 1913-1960)

104

Si vous vous asseyez, vous le faites correctement ; la colonne vertébrale est droite, la respiration est détendue, le cou aussi. Asseyez-vous, droit, les jambes croisées. Vous pourrez changer de position et vous réajuster. Il ne sert à rien de se punir et d'être constamment tendu. Mais vous êtes assis, correctement, et la respiration est détendue. Si vous êtes assis correctement, vous êtes là. La respiration se produit naturellement.

Chögyam Trungpa Rinpoché
(maître bouddhiste tibétain ; 1939-1987)

105

L'absence de pensée, c'est la pensée instantanée ; la pensée instantanée, c'est l'omniscience.

Chen-houei du Ho-tso

(moine et philosophe chinois ; 668-760)

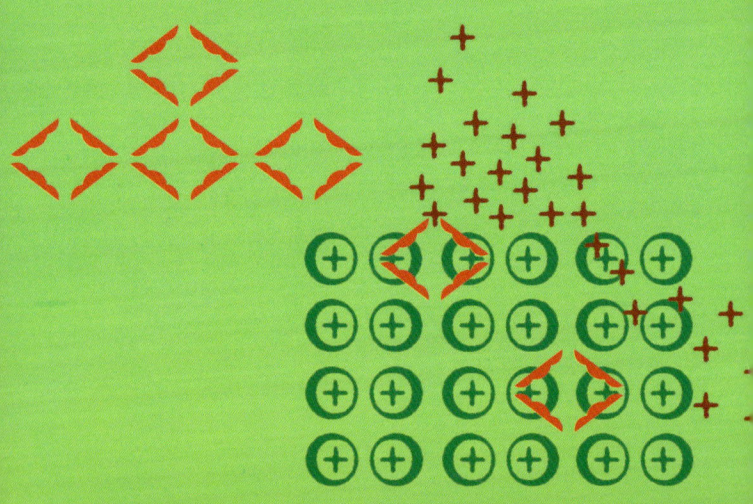

106

Aller à la quête du
Bouddha, c'est aller
à la quête de soi.
C'est chercher à
se connaître et parvenir
à s'oublier soi-même.
S'oublier soi-même,
c'est être inondé par
la lumière qui se trouve
dans l'univers. Et être
inondé par la lumière
de l'univers, c'est
abandonner son corps
et son esprit.

Eihei Dôgen
(maître bouddhiste et philosophe
japonais ; 1200-1253)

107

La transformation dont il s'agit
dans la méditation s'effectue
selon un processus.
L'identification avec le moi
existentiel doit être suivie
de l'identification avec l'être
essentiel. La méditation n'est
donc pas un processus de pensée,
mais une transformation
de l'homme tout entier.

Karlfried Graf Dürckheim
(maître zen allemand ; 1896-1988)

108

Si l'esprit est détendu, il atteint la tranquillité ;
Si l'eau n'est pas agitée, elle devient claire.

Gampopa

(maître bouddhiste tibétain ; 1079-1135)

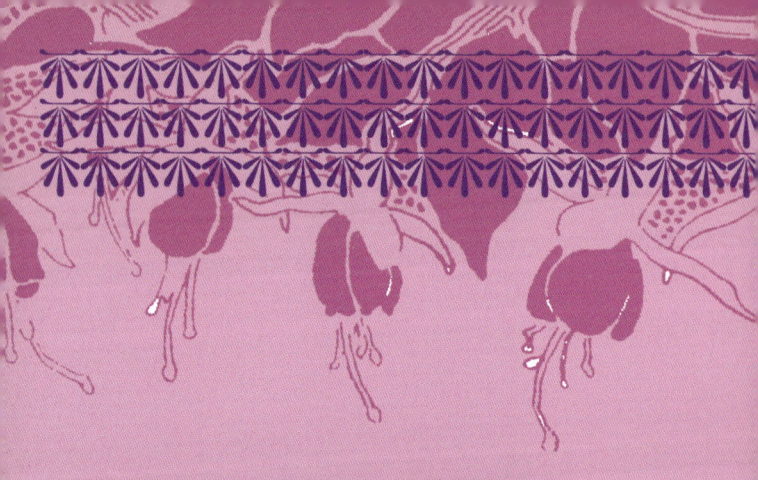

109

On peut aussi bâtir
quelque chose
de beau avec les
pierres du chemin.

Johann Wolgang von Goethe
(écrivain et savant allemand ;
1749-1832)

110

L'or de l'Éveil est dans le sol
de notre esprit, mais si nous
ne creusons pas, il reste caché.

Kalou Rinpoché

(grand maître tibétain : 1905-1989)

111

On ne peut voir la lumière
sans l'ombre, on ne peut percevoir
le silence sans le bruit, on ne peut
atteindre la sagesse sans la folie.

Carl Gustav Jung
(psychiatre suisse ; 1875-1961)

112

Si tu fais une seule véritable
méditation, tu sais pour
toujours qu'il n'y a rien
de mieux à faire. Le reste
est ignorance, inquiétude
mentale.

Jack Kerouac
(écrivain américain ; 1922-1969)

113

Méditer, c'est se défaire
de cette cuirasse que l'on
s'est forgée, des vêtements
superflus que l'on porte ;
on abandonne alors les uns
après les autres les vêtements
conceptuels pour rester
dans la nudité primordiale.

Lama Guendune Rinpoché
(maître bouddhiste tibétain ; 1918-1997)

114

Méditer, c'est se vider du connu.
Le connu est le passé.

Jiddu Krishnamurti

(écrivain et philosophe indien ; 1895-1986)

115

Celui qui connaît les autres
est sage ; celui qui se connaît
lui-même est éveillé.

Lao Tseu
(philosophe chinois ; 570-490 av. J.-C.)

116

Le silence est l'aboutissement suprême du langage et de la conscience.

Jean-Marie Gustave Le Clézio
(écrivain français ; né en 1940)

117

Même si le lieu de méditation est exigu, il renferme l'univers. Même si notre esprit est petit, il est illimité.

Sekito Kisen

(maître zen japonais ; 700-790)

118

Si le seul outil que vous avez
est un marteau, vous verrez
tout problème comme un clou.

Abraham Maslow
(psychologue américain ; 1908-1970)

Pour atteindre la réalisation du Soi,
vous ne devez renoncer à rien mais
seulement percevoir l'âme en tout.

Paramahansa Hariharananda

(mystique indien ; 1908-2002)

120

S'il suffisait de s'installer
en position du lotus pour
accéder à l'illumination,
toutes les grenouilles
seraient des bouddhas.

Louis Pauwels

(journaliste et écrivain français ;
1920-1997)

121

**La victoire sur soi est
la plus grande des victoires.**

Platon

(philosophe grec ; 428-348 av. J.-C.)

122

On ne trouve pas les perles
sur le rivage. Si vous désirez
en trouver une, vous devez plonger.

Proverbe chinois

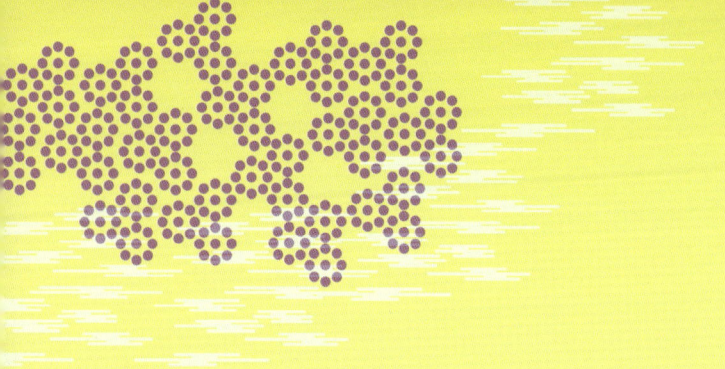

123

En méditation vous observez simplement
le mental et en l'observant vous en sortez.
Et doucement, le mental avec tous
ses problèmes disparaît ; autrement le mental
créera toujours des problèmes étranges...
le mental est votre unique problème
- tous les autres problèmes ne sont
que des ramifications du mental.

Acharya Rajneesh, dit Osho

(maître spirituel indien ; 1931-1990)

124

Une demi-heure de méditation
est essentielle, sauf quand on
est très occupé. Alors une heure
est nécessaire.

Saint François de Sales
(évêque de Genève français ; 1567-1622)

125

Il faut créer beaucoup de vide
en soi pour naître au recevoir.

Jacques Salomé

(psychologue français ; né en 1935)

126

Prends conscience de toi-même.
Apprends à te découvrir. Quelle que
soit l'étendue de tes connaissances,
si tu ne te connais toi-même,
tu ne connaîtras rien du monde.

Shôsan Susuki

(moine zen japonais ; 1870-1966)

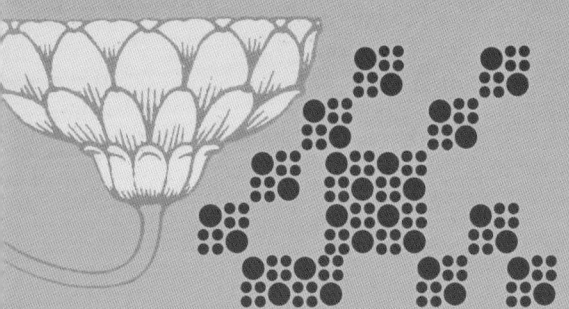

127

Une graine renferme en elle plus
de force en puissance que ce qu'en
réalisera la plante et en vous
se trouve un potentiel d'esprit
latent bien plus grand que vous
ne le soupçonnez. Si vous voulez
le libérer, écartez le doute,
la méfiance, l'anxiété.

Rudolph Steiner
(guide spirituel autrichien ; 1861-1925)

128

Accordez à vos pensées un temps
de repos. Alors votre esprit devient
limpide comme un lac tranquille.

Siddhartha Gautama, dit le Bouddha
(fondateur du bouddhisme ; 624-544 av. J.-C.)

129

En méditation, le calme intérieur
obtenu par la pratique conduit
au contraire à l'éveil. En méditant
on devient de plus en plus
conscient… on s'éveille par
l'observation des pensées,
des états et des émotions qui
nous habitent ici et maintenant.

Thich Nhat Hanh
(moine bouddhiste vietnamien ; né en 1926)

130

La respiration
d'un homme accompli
vient des talons.
Celle du vulgaire
vient de la gorge.

Tchouang-tseu

(penseur chinois ; 369-286 av. J.-C.)

131

Pour trouver le joyau, il faut
apaiser les ondes car il est difficile
de le trouver en agitant l'eau.
Quand les eaux de la méditation
sont calmes et limpides, le joyau
de l'esprit est visible naturellement.

Yamada Mumon Rôshi

(maître zen japonais ; 1900-1988)

132

Quand on rentre en soi-même,
on s'aperçoit que l'on possède
exactement ce que l'on désirait.

Simone Weil
(philosophe française ; 1909-1943)

133

L'essence de la méditation
c'est l'abandon de toute
attente concernant
la méditation. Vous n'avez
rien à faire de spécial.
Vous n'avez pas à changer
de conscience. Tout ce que
vous avez à faire, lorsque
vous observez votre esprit,
c'est de reconnaître les qualités
qu'il possède déjà.

Yongey Mingyour Rinpoché
(enseignant bouddhiste tibétain ; né en 1976)

134

L'esprit a horreur du vide.
Il doit être engagé dans
une chose ou une autre.
S'il médite sur les objets
des sens, il devient
mondain, s'il se souvient
continuellement de Dieu,
il devient divin.

Extrait du Yi King
(*Livre des Mutations*, texte sacré
de l'hindouisme ; 2000 av. J.-C)

135

Dans la méditation n'attendez rien. Asseyez-vous seulement et voyez ce qui se passe. Considérez le tout comme une expérience. [...] D'ailleurs ne vous souciez d'aucun résultat quel qu'il soit.

Bhante Henepola Gunaratana
(maître bouddhiste indien ; né en 1927)

136

Le mystère et la richesse du monde
de la vie quotidienne sont inégalables.
Et les conditions pour accéder
aux merveilles de ce monde sont
le détachement, mais également
l'amour et le don de soi.

Carlos Castaneda
(écrivain et anthropologue américain ; 1925-1998)

137

La vie aime la conscience qu'on a d'elle.

René Char

(poète français ; 1907-1988)

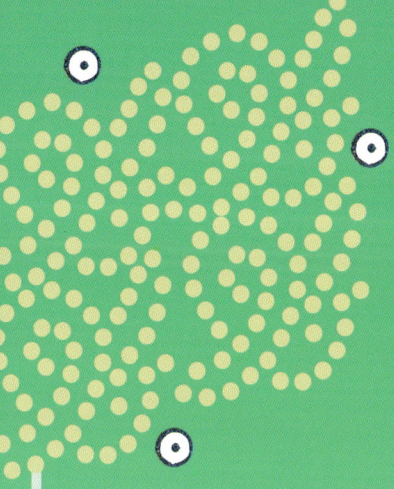

138

La méditation est un état d'éveil
entretenu par un trouble obscur, qui
est tout à la fois ravage et bénédiction.

Émil Cioran

(philosophe et écrivain roumain ; 1911-1995)

139

Vos moments de tranquillité
devraient être pareils à des îles désertes :
vous seul devriez en arpenter les rivages.

Hervé Desbois

(écrivain franco-canadien ; né en 1954)

140

Le calme et la quiétude sont choses
qui dépendent plus des dispositions
intérieures de l'esprit que
des circonstances extérieures et
l'on peut les goûter même au milieu
d'une apparente agitation.

Alexandra David-Néel

(écrivain et exploratrice française ; 1868-1969)

141

**Rendez-vous compte
que le voyage vers le centre
a lieu à l'intérieur
de votre propre esprit.**

Matthew Flickstein

(psychothérapeute et moine bouddhiste

américain ; né en 1945)

142

Donner et recevoir ne sont que des aspects différents du flot de l'énergie dans l'univers. Décider de donner ce que nous voulons recevoir permet à l'abondance de l'univers de circuler à travers nos vies.

Dugpa Rinpoché
(maître bouddhiste tibétain ; contemporain)

143

**Chaque homme dans sa nuit
s'en va vers sa lumière.**

Victor Hugo

(écrivain et poète français ; 1802-1885)

144

Dans le bouddhisme,
nous ne pratiquons pas la méditation
pour réprimer nos sensations,
mais comme moyen de veiller
sur elles, d'être leur garde
avec un soin affectueux, sans violence.
Quand nous pouvons maintenir
l'attention consciente, nous ne
sommes pas emportés ou submergés
par nos sensations, ni noyés
dans nos conflits intérieurs.

Thich Nhat Hanh

(moine bouddhiste vietnamien ; né en 1926)

145

Ce qui te manque,
cherche-le dans
ce que tu as.

Koan zen
(court aphorisme à méditer)

146

**Vivez votre être et vous vous éveillerez
à la tranquillité.**

Jean Klein

(écrivain et maître spirituel français ; 1912-1998)

147

Qui regarde dehors rêve.
Qui regarde à l'intérieur
se réveille.

Carl Gustav Jung
(psychiatre suisse ; 1875-1961)

148

La prière et la méditation sont vécues comme deux variantes d'une relation fondamentale qui relie l'être humain à son ultime, les limites entre les deux sont floues ; on glisse facilement de la prière à la méditation et de la méditation à la prière.

Carl-Albert Keller

(professeur d'université suisse ; 1920-2008)

149

Au long de cette route calme, désertée, la méditation survint telle une douce pluie tombant sur les collines.

Jiddu Krishnamurti

(écrivain et philosophe indien ; 1895-1986)

150

On croit souvent que méditer,
c'est imposer un état vide à l'esprit,
un état sans aucune pensée ni mouvement
mental. Cette conception est erronée
car si la méditation était un état
sans pensée, cette table devant nous
serait en train de méditer ! La méditation
n'a rien à voir avec le fait de créer
un vide volontaire dans l'esprit;
méditer, ce n'est pas arrêter le mouvement
des pensées, mais demeurer sans saisie
quant à ces pensées.

Lama Guendune Rinpoché
(maître bouddhiste tibétain ; 1918-1997)

151

Comme de lourdes vagues,
tes pensées se succèdent sans fin.
Mais sous la surface, ton être
n'est que tranquillité profonde.

George MacDonald
(écrivain et pasteur calviniste écossais ; 1824-1905)

152

En faisant scintiller notre lumière, nous offrons aux autres la possibilité d'en faire autant.

Nelson Mandela

(homme politique sud-africain ; né en 1918)

153

N'oubliez pas d'introduire
les bonnes expériences de la méditation
dans vos activités quotidiennes.
Si vous pouvez faire cela chaque jour,
vous aurez réussi votre méditation.

Kathleen Mcdonald

(enseignante américaine et nonne bouddhiste ;

née en 1952)

154

Après méditation
Naîtrait une main sereine
Apaisant l'accablé
Renforçant le sage
Déliant le prostré
Porteuse
Réparatrice
Une grande main de lumière.

Henri Michaux

(poète français ; 1899-1984)

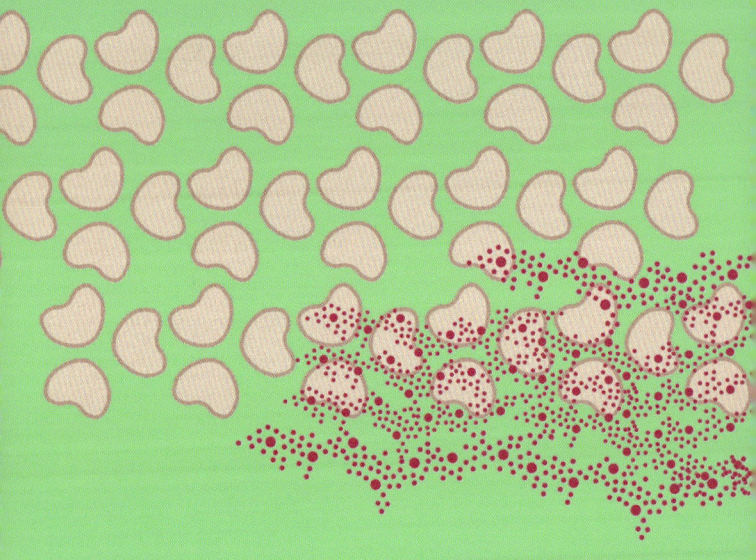

155

Du silence naît tout ce qui vit et dure ;
car c'est le silence qui nous relie à l'univers,
à l'infini, il est la racine de l'existence
et par là l'équilibre de la vie.

Yehudi Menuhin
(violoniste américain ; 1916-1999)

156

Quand votre méditation
devient comme de l'eau
claire, vous voyez alors
les pensées et émotions
qui vous perturbent
partir au fil du courant.

Siddhartha Gautama, dit le Bouddha
(fondateur du bouddhisme ;
624-544 av. J.-C.)

157

**Le souffle et le mental sont liés.
Lorsque l'agitation du prana (souffle)
disparaît, la vie devient divine.**

Swâmi Satyananda

(mystique indien ; 1896-1971)

158

Dehors récoltez la connaissance,
dedans récoltez la sagesse.

Tchouang-tseu

(penseur chinois ; 369-286 av. J.-C.)

159

Notre respiration
est le pont entre notre corps
et notre esprit, l'élément
qui réconcilie corps et esprit
et rend possible l'unicité
corps-esprit.

Thich Nhat Hanh
(moine bouddhiste vietnamien ;
né en 1926)

160

**Le corps est un tombeau pour l'âme
pour celui qui ne sait s'ouvrir.**

Platon

(philosophe grec ; 428-348 av. J.-C.)

161

La méditation n'implique pas
uniquement le développement
de la concentration en un point,
être assis dans un coin à ne rien
faire. La méditation est un état
d'esprit vigilant, l'opposé de l'apathie ;
la méditation est sagesse.

Lama Thubten Yeshe
(maître tibétain ; 1935-1984)

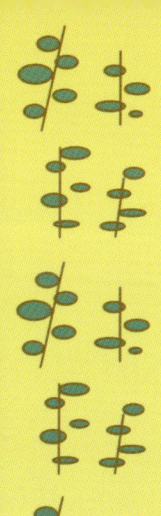

162

Pour avoir de la connaissance,
ajouter des choses chaque jour.
Pour avoir de la sagesse,
enlever des choses chaque jour.

Lao Tseu

(philosophe chinois ; 570-490 av. J.-C.)

163

Si cette vie que bat le vent de mille maux
Est plus fragile encore qu'une bulle sur l'eau
Il est miraculeux après avoir dormi,
Inspirant, expirant, de s'éveiller dispos !

Nagarjuna
(philosophe et écrivain bouddhiste indien ; IIe siècle av. J.-C.)

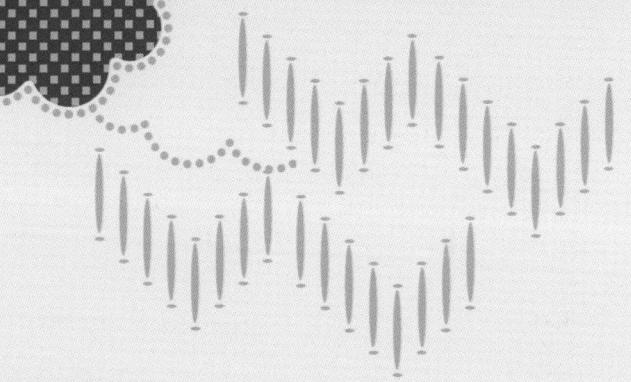

164

D'un œil, observer le monde extérieur,
de l'autre regarder au fond de soi-même.

Amedeo Modigliani

(peintre et sculpteur italien ; 1884-1920)

165

**L'homme ne vit que
dans son dépassement.
Il ne s'atteint qu'en se perdant.**

Henri Le Saux
(moine bénédictin français ; 1910-1973)

166

Être sans cesse à la poursuite
de ma demeure me poursuit sans cesse
et me dévore. Où est ma demeure ?
C'est là mon interrogation,
c'est là ma recherche.

Friedrich Nietzsche
(philosophe allemand ; 1844-1900)

167

Toute âme doit, dans
la solitude, rencontrer
le soleil matinal,
la terre neuve et douce
et le Grand Silence.

Charles Eastman, dit Ohiyesa
(écrivain indien sioux ; 1858-1939)

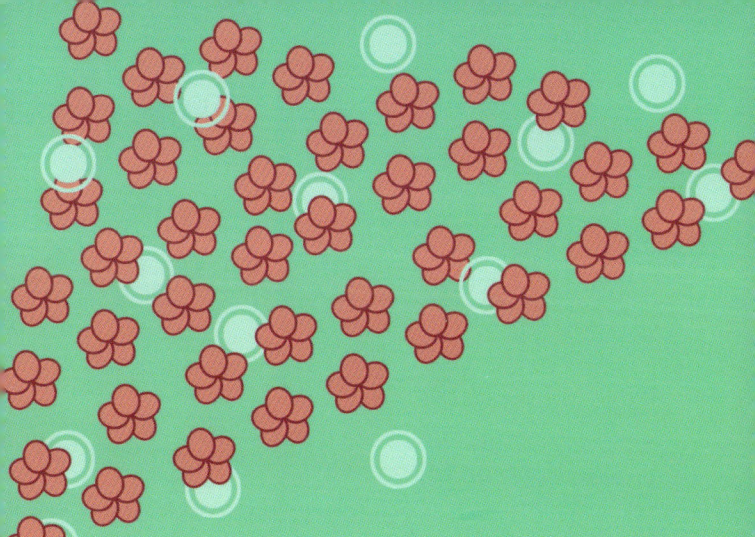

168

C'est sur soi-même qu'il faut œuvrer,
c'est en soi-même qu'il faut chercher.

Paracelse

(alchimiste et médecin suisse ; 1494-1541)

169

Le vrai silence est
le silence du mental ;
il est à l'esprit ce que
le sommeil est au corps,
nourrissant et rafraîchissant.

William Penn

(quaker américain ; 1644-1718)

170

Si vous me demandez
sur quelle forme
du Seigneur méditer,
je vous dirai
de prendre celle que
vous voudrez, mais
sachez que ces formes
ne font qu'un.

Râmakrishna
(brahmane bengali : 1834-1886)

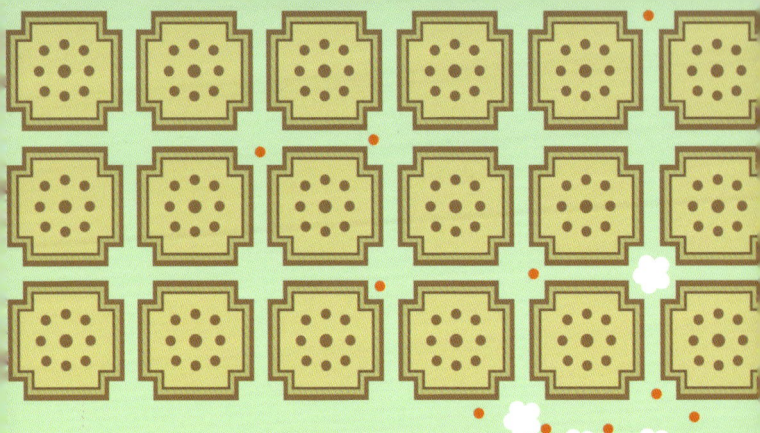

171

Ce qu'on appelle l'après-méditation
consiste à éviter de reprendre
ses habitudes exactement comme avant.

Jean-François Revel

(journaliste et homme de lettres français ; 1924-2006)

172

Ne pas avoir le temps de méditer,
c'est ne pas avoir le temps de regarder
son chemin, tout occupé à sa marche.

Antonin-Gilbert Sertillanges
(philosophe français ; 1863-1948)

173

La clé d'une vie passionnante,
c'est de faire confiance à l'énergie
qui nous habite et de la suivre.

Shakti Gawain

(écrivain américain ; né en 1948)

174

En méditation, nous sommes assis avec
une attitude d'esprit ouverte
et semblable au ciel, tout en restant
présents à nous-même et en étroit
contact avec la terre. Le ciel est
notre nature absolue, sans entraves
ni limites, et le sol notre réalité,
notre condition relative, ordinaire.

Siddhartha Gautama, dit le Bouddha
(fondateur du bouddhisme ; 624-544 av. J.-C.)

175

En méditant, il nous arrive immanquablement
d'être emportés par le fil des pensées.
Quand nous reconnaissons que cela
s'est produit, nous pouvons réagir
par de la frustration, de la déception
ou de l'agitation. Toutes ces manières
de réagir sont une perte de temps.

Brenda Alan Wallace

(écrivain et moine bouddhiste américain ; né en 1950)

176

S'intérioriser sans exagération
S'extérioriser sans démesure
Savoir se tenir au juste milieu
Ce sont là trois éléments d'essor.

Tchouang-tseu

(penseur chinois ; 369-286 av. J.-C.)

177

Des moments libres.
Toute vie bien réglée
a les siens, et qui ne sait pas
les provoquer ne sait pas vivre.

Marguerite Yourcenar
(femme de lettres et académicienne française ; 1903-1987)

178

Fuyez les plaisirs des sens
en rentrant en vous-même
comme la tortue rentre dans sa carapace.
C'est ainsi que vous trouverez la paix.

Extrait de la Bhagavad Gîtâ
(poème philosophique et religieux indien ; IIe siècle av. J.-C.)

179

Votre pratique personnelle peut vous montrer la vérité. Votre expérience personnelle est tout ce qui compte.

Bhante Henepola Gunaratana

(maître bouddhiste indien ; né en 1927)

180

Il n'est pas nécessaire
de méditer au nom de Jésus,
de Bouddha ou de qui que ce soit.
Il suffit de méditer, tout simplement.
Méditer.

Yehudi Menuhin
(violoniste américain ; 1916-1999)

181

La vraie générosité envers l'avenir
consiste à tout donner au présent.

Albert Camus

(écrivain français ; 1913-1960)

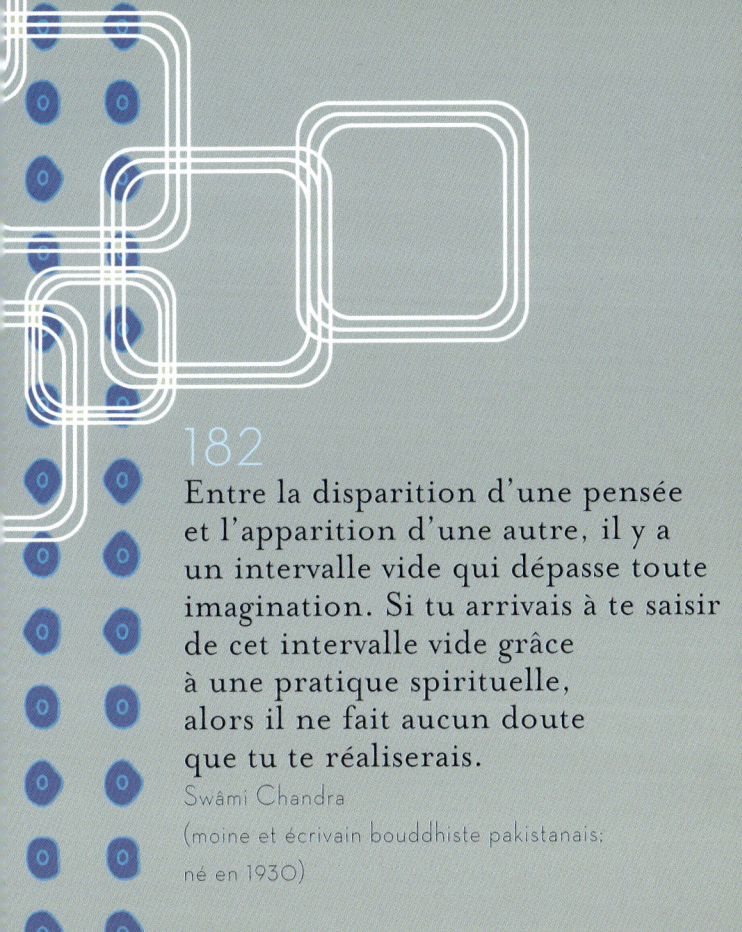

182

Entre la disparition d'une pensée
et l'apparition d'une autre, il y a
un intervalle vide qui dépasse toute
imagination. Si tu arrivais à te saisir
de cet intervalle vide grâce
à une pratique spirituelle,
alors il ne fait aucun doute
que tu te réaliserais.

Swâmi Chandra

(moine et écrivain bouddhiste pakistanais;
né en 1930)

183

Apprends à faire silence.
Que ton esprit en paix
écoute et absorbe.

Pythagore
(mathématicien et philosophe grec ;
580-497 av. J.-C.)

184

Dès l'instant où vous aurez foi en vous-même, vous saurez comment vivre.

Johann Wolgang von Goethe

(écrivain et savant allemand ; 1749-1832)

185

Libérer l'esprit de toutes perturbations,
c'est la méditation de la nature propre.
Celui qui ne croit ni ne décroit
est le diamant.

Houei Neng
(bouddhiste chinois ; 638-713)

186

Dans l'approche habituelle de la méditation,
vient en premier lieu la pratique dite
de la « tranquillité de l'esprit », *shamatha*
en sanscrit, *chiné* en tibétain.
Elle apprend à « rester tranquille »,
à laisser l'esprit dans un état où s'apaisent
les pensées et les passions.

Kalou Rinpoché
(grand maître tibétain ; 1905-1989)

Tout comme les vagues peuvent retomber pour laisser apparaître le calme de la profondeur de l'océan, il est possible de pacifier les turbulences de notre esprit pour révéler sa clarté originelle naturelle. Cette capacité réside dans l'esprit lui-même et la clé pour accéder à l'esprit est la méditation.

Kathleen Mcdonald

(enseignante américaine et nonne bouddhiste ; née en 1952)

190

La méditation est au-delà de l'imagination, de l'hallucination et de la spéculation.

Paramahansa Hariharananda

(mystique indien ; 1908-2002)

191

À l'aurore, respirez
avec le jour naissant
et imprégnez-vous
de son énergie.

Parole hopi

192

Le silence est le plus haut degré de la sagesse.

Pindare

(poète grec ; 518-438 av. J.-C.)

193

Au début et en superficie, la méditation apporte la paix et la sérénité, au bout du chemin et en profondeur, elle permet de réaliser l'universalité de l'être, dans sa totalité.

Trinh Dinh Hy

(moine bouddhiste vietnamien ; né en 1946)

194

Nulle pierre ne peut
être polie sans friction,
nul homme ne peut
parfaire son expérience
sans épreuves.

Confucius
(philosophe chinois ; 551-479 av. J.-C.)

195

**Faites que des moments de votre vie
de plus en plus nombreux deviennent
lumineux de conscience.**

Acharya Rajneesh, dit Osho

(maître spirituel indien ; 1931-1990)

196

La réalisation consiste à
vous débarrasser de l'illusion
de croire que vous n'êtes pas réalisé.

Râmana Maharshi
(philosophe et mystique indien : 1879-1950)

197

Se transformer intérieurement
en entraînant son esprit est la plus
passionnante des aventures. Et c'est
le véritable sens de la méditation.

Matthieu Ricard
(moine bouddhiste français ; né en 1946)

198

Le seul endroit où nous puissions
trouver Dieu, c'est en nous-même,
et nous ne pouvons y parvenir seuls.
Nous devons y aller ensemble.

Hubert Selby Jr

(écrivain américain ; 1928-2004)

199

L'esprit du paysage et mon esprit
se sont concentrés et, par là,
transformés, de sorte que le paysage
est bien en moi.

Shih Tao

(peintre et moine bouddhiste chinois ; 1642-1707)

200

La posture que nous adoptons quand
nous méditons signifie que nous relions
l'absolu et le relatif, le ciel et la terre,
comme les deux ailes d'un oiseau,
intégrant le ciel de la nature immortelle
de l'esprit et le sol de notre nature
mortelle et transitoire.

Siddhartha Gautama, dit le Bouddha
(fondateur du bouddhisme ; 624-544 av. J.-C.)

201

La méditation est confrontée à la réalité.
Elle ne vous isole pas de la douleur
du monde. Elle vous permet de plonger
si profondément dans la vie et dans tous
ses aspects que vous percez la barrière
de la douleur pour aller au-delà
de la souffrance.

Bhante Henepola Gunaratana
(maître bouddhiste indien ; né en 1927)

202

Quand l'esprit et contrôlé, il doit être comme la pierre des quatre orients : bien que cette pierre demeure au milieu de la cour, la pluie tombe dessus mais ne la détruit pas, le soleil la chauffe mais ne la fait pas fondre, le vent souffle et ne peut la soulever. Un esprit contrôlé ressemble à cette pierre.

Siddhartha Gautama, dit le Bouddha
(fondateur du bouddhisme ; 624-544 av. J.-C.)

203

Cherchez et vous trouverez.
Ce qui n'est pas cherché reste caché.

Sophocle

(poète et tragédien grec ; 495-406 av. J.-C.)

204

Chaque instant devrait être une manifestation
d'une lumière plus brillante provenant
de votre être intérieur. Instant par instant,
l'illumination est obtenue. Instant par instant,
la réalisation est accomplie. Instant par instant,
l'expérience de la libération advient de façon
ultime. Instant par instant, le but suprême
est réalisé.

Swâmi Chidananda
(mystique indien ; 1916-2008)

205

La plupart d'entre nous considèrent la douleur comme une menace pour notre bien-être physique. Si nous la laissons nous préoccuper, elle ne fait que s'intensifier. En revanche, si nous la prenons comme objet de méditation, elle devient un moyen d'accroître la clarté de notre esprit.

Yongey Mingyour Rinpoché
(enseignant de bouddhisme tibétain ; né en 1976)

La méditation n'est pas
une évasion : c'est une rencontre
sereine avec la réalité. Celui
qui pratique la Pleine Conscience
ne doit pas être moins attentif
qu'un conducteur au volant.

Thich Nhat Hanh
(moine bouddhiste vietnamien ; né en 1926)

207

Il n'est pas nécessaire
de rejeter l'activité et
de rechercher le calme.
Videz-vous à l'intérieur,
et à l'extérieur soyez
harmonieux. Alors en paix,
vous avancerez au milieu
de l'activité frénétique
du monde.

Yuan Wu

(maître bouddhiste chinois ; 1063-1135)

208

Une seule pluie légère et l'herbe reverdit.
De même, nos perspectives s'éclairent
sous l'influx de pensées meilleures.

Henry David Thoreau
(philosophe américain ; 1817-1862)

209

**Deux choses participent de la connaissance :
le silence tranquille et l'intériorité.**

Siddhartha Gautama, dit le Bouddha
(fondateur du bouddhisme ; 624-544 av. J.-C.)

210

Pour que la méditation
progresse harmonieusement,
il faut trouver un juste équilibre
entre effort et relâchement.

Matthieu Ricard
(moine bouddhiste français ; né en 1946)

211

Si vous sentez de la chaleur, vous en déduisez
que le feu est proche. De même (dans
la méditation), si vous percevez le son divin,
la lumière divine et la divine vibration,
vous êtes très près du pouvoir de Dieu.

Paramahansa Hariharananda
(mystique indien ; 1908-2002)

212

La grenouille dans un puits
ne sait rien de la haute mer.

Parole zen

213

Au lieu de chercher
ce que vous n'avez pas,
trouvez ce que vous n'avez
jamais perdu.

Nisargadatta Maharaj
(philosophe et mystique indien : 1897-1981)

214

Nos expériences les plus instructives sont nos moments de plus grande tranquillité.

Friedrich Nietzsche
(philosophe allemand ; 1844-1900)

215

Tranquillement assis
Ne faisant rien
Le printemps arrive
Et l'herbe pousse toute seule.

Koan zen

(court aphorisme à méditer)

216

Méditez sur Dieu
sans cesse, quoi que vous
fassiez, où que vous soyez.
Rappelez-vous que
tout ce que vous voyez,
tout ce que vous entendez
est une manifestation
de Lui.

Mâ Ananda Moyî
(sainte indienne ;
1896-1982)

217

Qu'on s'assoie les bras croisés comme ceci et les jambes comme cela ne tire pas à conséquence. Mais il est extrêmement important de vérifier si la méditation qu'on pratique, quelle qu'elle soit, est un réel remède à notre souffrance.

Lama Thubten Yeshe
(maître tibétain ; 1935-1984)

218

Le premier pas vers la sagesse
est de douter de tout. Le dernier pas
est d'accepter tout.

Georg Christoph Lichtenberg

(philosophe et physicien allemand ; 1742-1799)

219

Le seul moyen de réaliser la nature de l'esprit, c'est l'absorption méditative, le samadhi, qui conduit à la vision directe, non discursive, non conceptuelle de l'essence de toute chose. C'est la raison pour laquelle la méditation est le cœur de l'apprentissage spirituel.

Lama Guendune Rinpoché
(maître bouddhiste tibétain ; 1918-1997)

220

Sans méditation,
on est comme aveugle
dans un monde
d'une grande beauté,
plein de lumières
et de couleurs.

Jiddu Krishnamurti
(écrivain et philosophe indien ;
1895-1986)

221

Si nous pouvons atteindre
la compréhension de ce que
nous sommes vraiment, il n'y a pas
de meilleur remède pour éliminer
toute souffrance. Ceci est le cœur
de toutes les pratiques spirituelles.

Kalou Rinpoché
(grand maître tibétain ; 1905-1989)

222

Pour savoir si l'eau d'un bol
est chaude ou froide,
il faut y mettre le doigt…
Il ne sert à rien de discuter.

Koan zen
(court aphorisme à méditer)

223

Au début, la pleine
attention enlève les soucis
et les craintes au sujet
du passé et de l'avenir
en nous maintenant ancrés
dans le présent. À la fin,
elle indique la vision
juste du soi.

Ayya Khema
(nonne bouddhiste d'origine allemande ;
1923-1997)

224

Un acte de méditation
est en fait un acte de foi
— de foi en votre esprit,
en votre propre potentiel.
La foi est la base
de la méditation.

Martine Batchelor

(nonne bouddhiste française ; née en 1953)

225

Je vous ai révélé des visions et une sagesse
plus secrètes que des mystères cachés.
Méditez-les dans le secret de votre âme.
Puis agissez en toute liberté.

Extrait de la Bhagavad Gîtâ
(poème philosophique et religieux indien ;
II° siècle av. J.-C.)

226

Ne vous crispez pas. Ne forcez rien
et ne faites pas d'efforts exagérés.
La méditation n'est pas quelque chose
d'agressif. La tension violente n'y a pas
sa place. Veillez à ce que votre effort
soit détendu et constant.

Bhante Henepola Gunaratana
(maître bouddhiste indien ; né en 1927)

227

Celui qui combat peut perdre,
mais celui qui ne combat pas
a déjà perdu.

Bertold Brecht
(poète et dramaturge allemand ; 1898-1956)

228

Qu'il est long et difficile
le chemin qui mène au coussin
méditation.

Sogyal Rinpoché

(maître bouddhiste tibétain ; né en 1947)

229

**Il faut souffler sur quelques lueurs
pour faire de la bonne lumière.**

René Char

(poète français ; 1907-1988)

230

Il faut aller de pensée en non-pensée
et de non-pensée en pensée.

Taisen Deshimaru

(moine bouddhiste zen japonais ; 1914-1982)

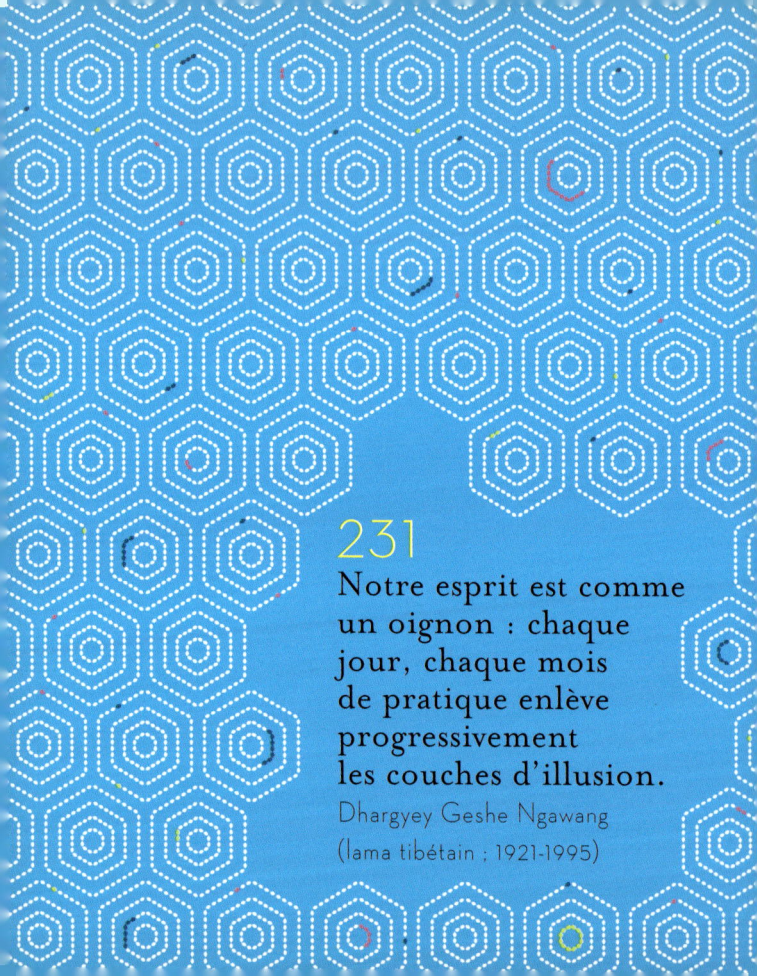

231

Notre esprit est comme
un oignon : chaque
jour, chaque mois
de pratique enlève
progressivement
les couches d'illusion.

Dhargyey Geshe Ngawang
(lama tibétain ; 1921-1995)

232

Lorsque nous nous exerçons à rester assis,
immobile, attentif à nous-même,
nous nous réconcilions avec l'instant présent.
C'est alors que nous sommes capable d'agir
sur nous-même, et d'aider les autres.

Dugpa Rinpoché
(maître bouddhiste tibétain ; contemporain)

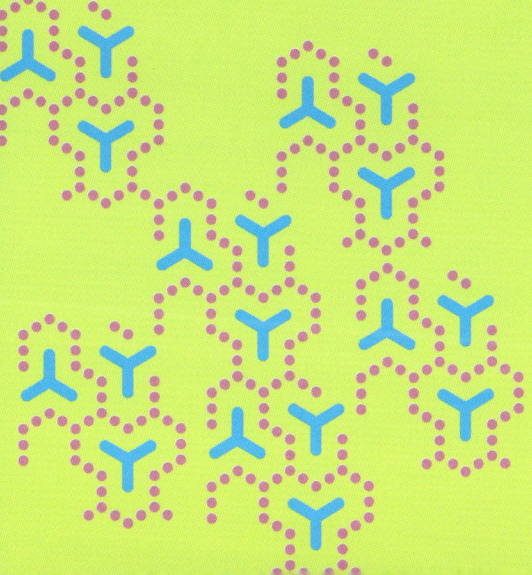

233

La première chose est l'assise en silence. La pratique de l'immobilité du corps transforme aussi l'homme intérieurement. Celui qui pratique se rend compte très rapidement qu'il ne s'agit ni d'un exercice corporel, ni de ce qu'il avait imaginé être un « exercice spirituel ». Celui qui s'exerce est lui-même l'objet de l'exercice. Il devient une Personne qui se trouve là, dans son unité originelle, au-delà de toute discrimination corporelle, psychique ou spirituelle.

Karlfried Graf Dürckheim

(maître zen allemand ; 1896-1988)

234

**Il faut réveiller en soi
la force d'oser entreprendre
quelque chose.**

Eugen Drewermann
(théologien et psychanalyste allemand ;
né en 1940)

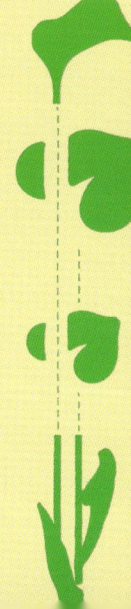

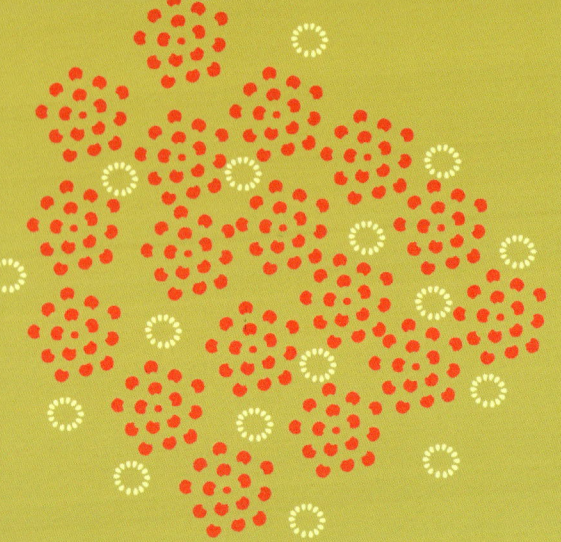

235

Nous devons méditer sur les causes
qui peuvent produire le bonheur puisque,
lorsqu'il est à nous, nous avons tout,
et que, quand il nous manque,
nous faisons tout pour l'avoir.

Épicure
(philosophe grec ; 341-270 av. J.-C.)

236

**Le ciel et la terre
sont en nous.**

Gandhi

(homme politique et guide spirituel indien ;
1869-1948)

237

Durant la vie on reste assis sans se reposer. Une fois mort, on se repose sans s'asseoir.

Houei Neng

(bouddhiste chinois ; 638-713)

238

Mon cœur est en harmonie
avec la quiétude qu'inspire
l'immobilité de la nature.

Hazrat Inayat Khan
(musicien mystique et maître soufi indien ; 1882-1927)

239

Celui qui médite vit dans l'obscurité ;
celui qui ne médite pas vit dans
l'aveuglement. Nous n'avons
que le choix du noir.

Victor Hugo

(écrivain et poète français ; 1802-1885)

240

L'homme mérite qu'il se soucie
de lui-même car il porte dans son âme
les germes de son devenir.

Carl Gustav Jung
(psychiatre suisse ; 1875-1961)

241

Lorsque nous sommes assis en méditation, personne ne nous pose de question, personne ne nous demande de faire quoi que ce soit : nous sommes complètement libres et par conséquent la qualité de notre assise ne dépend que de nous-même. Si notre assise est bonne, nous sommes comme une montagne dans le moment présent ; nous nous ouvrons comme une fleur.

Thich Nhat Hanh
(moine bouddhiste vietnamien ; né en 1926))

242

La voie est sous tes pieds.

Koan zen

(court aphorisme à méditer)

243

La méditation est un des arts majeurs dans la vie, peut-être « l'art suprême » et on ne peut l'apprendre de personne : c'est sa beauté. Il n'a pas de technique donc pas d'autorité.

Jiddu Krishnamurti

(écrivain et philosophe indien ; 1895-1986)

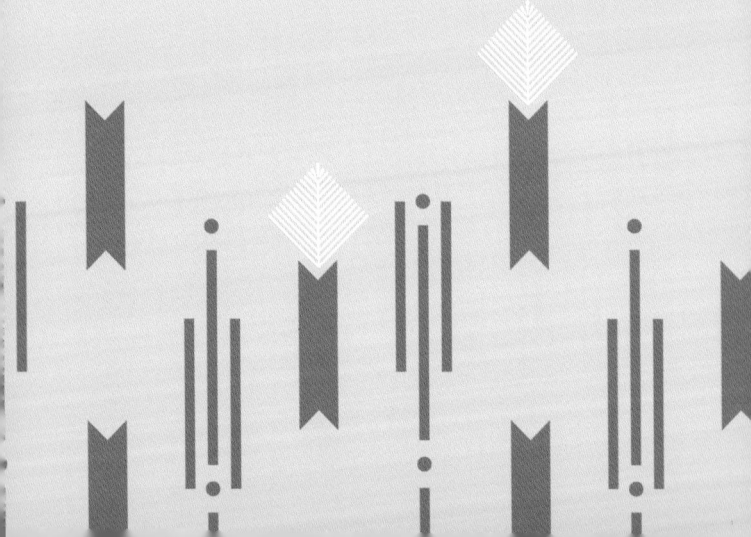

244

Quand tout est pur et clair
dans votre esprit, personne
ne peut vous créer d'obstacles.

Lama Thubten Yeshe

(maître tibétain ; 1935-1984)

245

Le but n'est pas le but, c'est la voie.

Lao Tseu

(philosophe chinois ; 570-490 av. J.-C.)

246

**Ce n'est que réduite en cendres
que la bougie tarit ses pleurs.**

Li Shang Yin

(poète et homme politique chinois ; 812-858)

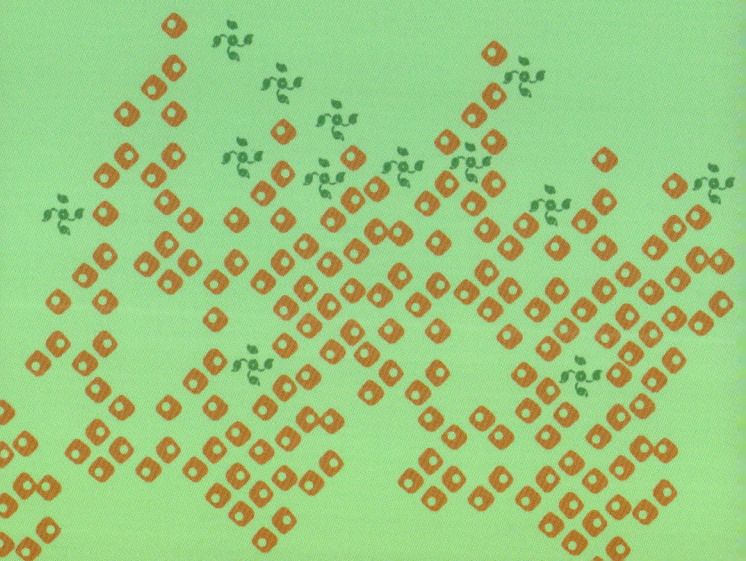

247

Surmonter l'attachement
ne signifie pas devenir froid
et indifférent. Au contraire
cela signifie apprendre
à avoir un contrôle détendu
sur notre esprit grâce à
la compréhension des causes
réelles du bonheur
et du contentement.

Kathleen Mcdonald

(enseignante américaine

et nonne bouddhiste ; née en 1952)

248

Lorsque vous méditez,
invitez-vous à ressentir
l'estime de soi, la dignité,
l'humilité et la force
du Bouddha que vous êtes.

Sogyal Rinpoché
(maître bouddhiste tibétain ; né en 1947)

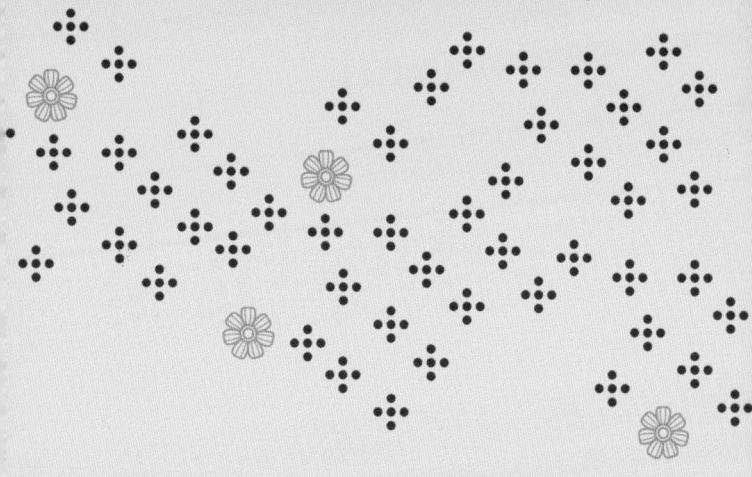

249

Un gramme de pratique vaut bien mieux que des tonnes de théorie.

Paramahansa Hariharananda

(mystique indien ; 1908-2002)

250

**Pour savoir qui tu es,
écoute ton Silence.**

Parole zen

251

**Si vous fermez la porte à toutes
les erreurs, la vérité restera dehors.**

Rabindranath Tagore

(poète et philosophe indien ; 1861-1941)

252

Vous ne pouvez être que ce
que vous êtes. Détendez-vous !
L'existence a besoin de vous
tel que vous êtes.

Acharya Rajneesh, dit Osho
(maître spirituel indien ; 1931-1990)

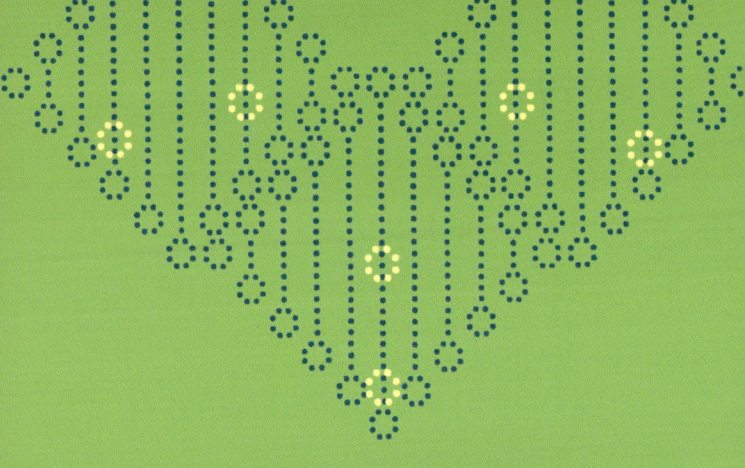

253

Toutes les routes sont
bonnes pourvu qu'on
les suive jusqu'au bout.

Yvon Rivard

(écrivain canadien ; né en 1945)

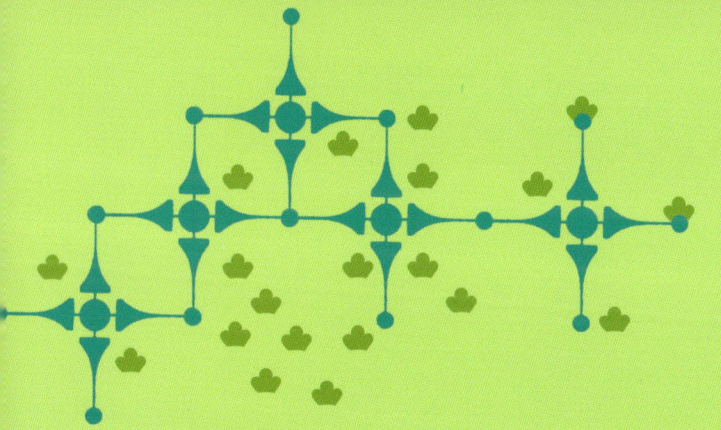

254

**Il n'y a pas de vent favorable
pour celui qui ne sait pas où il va.**

Sénèque

(philosophe latin ; - 4 av. J.-C. - 65 ap J.-C.)

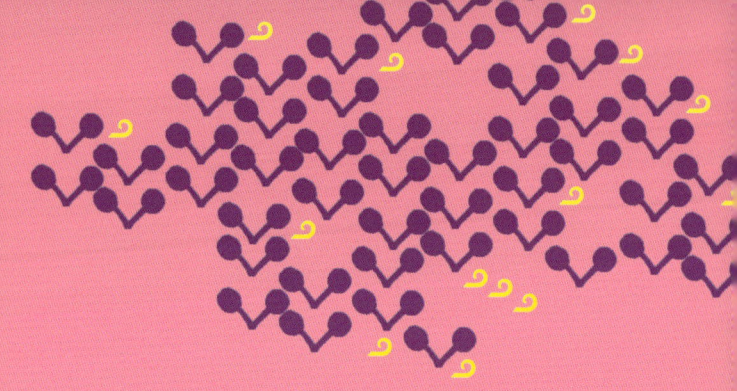

255

Quel que soit le nombre de saintes paroles
que vous lisiez, que vous prononciez,
quel bien vous font-elles si vos actes
ne s'y conforment pas ?

Siddhartha Gautama, dit le Bouddha
(fondateur du bouddhisme ; 624-544 av. J.-C.)

256

Tant que vous cherchez quelque chose, vous ne trouverez que l'ombre de la réalité et pas la réalité elle-même.

Suzuki Shunryu Roshi
(maître bouddhiste zen japonais ;
1904-1971)

257

Dans notre vie, tous
les événements viennent
en leur temps mais c'est
uniquement l'attitude de
notre mental qui nous y fait
voir une cause de bonheur
et de souffrance.

Swâmi Râmdas
(philosophe et mystique indien ; 1884-1963)

258
Qui contemple l'eau trouble
perd de vue l'eau limpide.

Tchouang-tseu

(penseur chinois ; 369-286 av. J.-C.)

259

Marcher pour le simple plaisir de marcher,
librement et avec assurance, sans se presser.
Arrêtons-nous et regardons autour
de nous et voyons comme la vie est belle.
Marchons comme des êtres libres
et sentons nos pas s'alléger au fur
et à mesure que nous marchons.

Thich Nhat Hanh
(moine bouddhiste vietnamien ; né en 1926)

260

La méditation en Orient n'est nullement une activité intellectuelle, mais un exercice spirituel qui consiste au contraire à évacuer les pensées, les concepts, les sentiments et les émotions de façon à faire apparaître la nature profonde, pure et vide de l'esprit. C'est une pratique, un entraînement mental qui vise au perfectionnement intérieur, au développement de la sagesse et à l'Éveil.

Trinh Dinh Hy
(moine bouddhiste vietnamien ; né en 1946)

261

À quoi comparer méditation
et sagesse ? À une lampe
et à sa lumière. La lampe est
le corps de la lumière, la lumière
est la fonction de la lampe.

Houei Neng
(bouddhiste chinois ; 638-713)

262

Plutôt que soulager le corps,
essayez de soulager l'esprit :
quand l'esprit est en paix,
le corps est en bonne santé.

Yamada Mumon Rôshi

(maître zen japonais ; 1900-1988)

263

**Tous nous serions transformés
si nous avions le courage
d'être ce que nous sommes.**

Marguerite Yourcenar
(femme de lettres et académicienne française ;
1903-1987)

264

Comment suivre notre chemin
quand le commencement implique
la fin de ce que nous connaissons ?
Quand le premier pas vers l'inconnu implique
de laisser derrière nous ce qui est le plus cher
à nos yeux, à notre cœur, fermons les yeux
et méditons les dites paroles.

Khalil Gibran

(poète et peintre libanais ; 1883-1931)

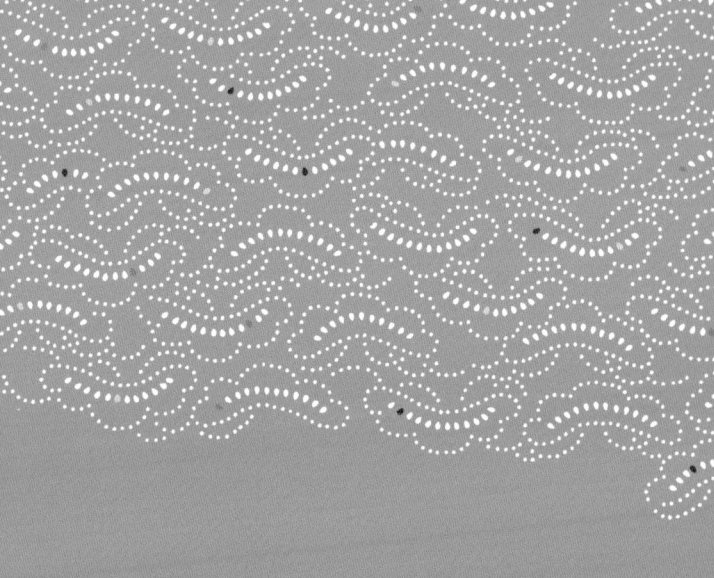

265
Considère que de ne pas obtenir ce que
l'on veut est parfois une grande aubaine.

Tenzin Gyatso

(chef bouddhiste tibétain, 14e dalaï-lama ; né en 1935)

266

Si nous attendons des conditions extérieures qu'elles nous apportent le contentement, nous attendons en vain.

Ayya Khema

(nonne bouddhiste d'origine allemande ; 1923-1997)

267

Quand vous voyez un camion foncer sur vous, écartez-vous au plus vite de sa route. Mais passez aussi quelque temps en méditation. Apprendre à gérer l'inconfort est la seule manière de vous préparer pour le camion que vous n'avez pas vu.

Bhante Henepola Gunaratana
(maître bouddhiste indien ; né en 1927)

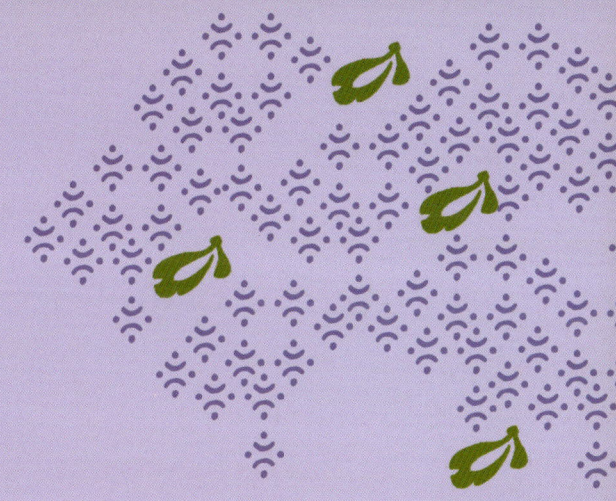

268

Contempler le fleuve
fait de temps et d'eau,
et ne pas oublier
que le temps lui-même
est un autre fleuve.

Jorge Luis Borges
(écrivain argentin ; 1899-1986)

269

Tout comme le ciel, l'esprit est dépourvu de centre et de limites.

Bokar Rinpoché

(grand maître bouddhiste tibétain ; 1940-2004)

270

Une seule certitude suffit
à celui qui cherche.

Albert Camus

(écrivain français ; 1913-1960)

271

Nous et Bouddha ne sommes pas séparés.
Il faut aller au-delà de la puissance
du Bouddha ou de Dieu. Perdre son ego
et avoir l'esprit de compassion.

Taisen Deshimaru
(moine bouddhiste zen japonais ; 1914-1982)

272

Le zen, c'est simplement s'asseoir,
sans pensée, en oubliant le corps
et l'esprit. Abandonnez corps
et esprit, et installez-vous en plein
bouddhisme en pratiquant
avec les autres, sans a priori,
et alors vous atteindrez la voie.

Eihei Dôgen
(maître bouddhiste et philosophe japonais ;
1200-1253)

273

L'homme a une double
origine, l'une céleste,
l'autre terrestre ; l'une,
naturelle, l'autre, surnaturelle.
L'homme accompli est
la fusion de l'une et de l'autre
dans sa conscience.

Karlfried Graf Dürckheim
(maître zen allemand ; 1896-1988)

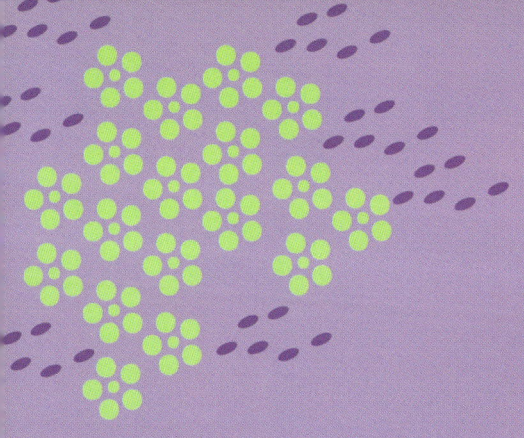

274

La vie atteint sa plénitude
à l'instant où les choses semblent
avoir perdu leur signification.

Hermann Hesse

(romancier et poète suisse ; 1877-1962)

275

Méditer signifie être libre de tous
les obstacles, ne pas être troublé
mentalement, quelles que soient
les circonstances extérieures bonnes
ou mauvaises. Méditer signifie réaliser,
intérieurement, la sérénité
de notre propre nature.

Houei Neng
(bouddhiste chinois ; 638-713)

276

La tranquillité est la plus grande des révélations.

Lao Tseu

(philosophe chinois ; 570-490 av. J.-C.)

277

Pour méditer sur la compassion, dans
un premier temps on envisage simplement
un à un des êtres qui souffrent.
Puis on s'entraîne progressivement
jusqu'à considérer globalement tous
les êtres. Si on ne procède pas de la sorte,
la compassion risque de rester vague
et intellectuelle, donc de ne pas être
authentique.

Patrul Rinpoché
(moine tibétain ; 1808-1887)

278

Un esprit paisible n'est pas
synonyme d'esprit vide de pensées,
de sensations et d'émotions.
Un esprit paisible n'est pas
un esprit absent.

Thich Nhat Hanh
(moine bouddhiste vietnamien ; né en 1926)

279

Dans la quiétude suprême,
on peut alors s'unir au Vide suprême.
Avec le Vide à son summum vient
la lumière.

Wu Yun

(peintre taoïste ; 1811-1883)

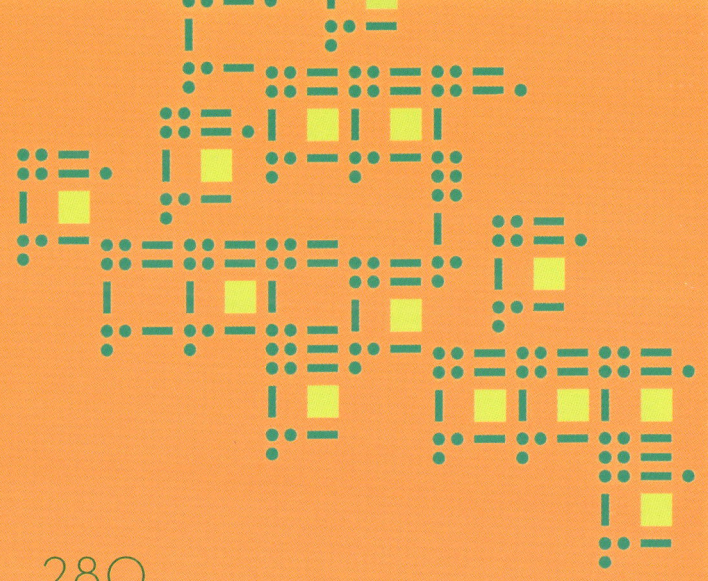

280

La grâce comble, mais elle ne peut
entrer que là où il y a un vide
pour la recevoir, et c'est elle aussi
qui fait le vide.

Simone Weil
(philosophe française ; 1909-1943)

281

De la même façon que nous mangeons de
la nourriture chaque jour afin de maintenir
notre corps en forme et en bonne santé,
de la même façon, nous devons nous asseoir
en méditation et en prière chaque jour
pour rendre notre âme plus forte,
afin qu'elle puisse faire face aux défis
de la vie, afin de lui permettre d'évoluer
spirituellement et qu'enfin, elle atteigne
la réalisation du Soi.

Chandra Swâmi

(moine et écrivain bouddhiste pakistanais ; né en 1930)

282

L'homme supérieur
est celui qui reste
toujours fidèle à
l'espérance ; ne point
persévérer est d'un lâche.

Euripide
(poète tragique grec ;
480-406 av. J.-C.)

283

La motivation juste,
pour chaque action,
est essentielle.

Geshe Rabten
(moine tibétain ; 1920-1986)

284

Les mots et le mental,
plus nous nous y accrochons,
plus nous nous égarons.

Houei Neng

(bouddhiste chinois ; 638-713)

285

C'est celui qui s'égare
qui découvre de nouveaux chemins.

Nils Kjaer

(poète norvégien ; 1870-1924)

286

L'arbre qui tombe dans la forêt
fait-il du bruit si personne ne l'entend ?

Koan zen

(court aphorisme à méditer)

Lorsqu'on a donné naissance à
une motivation complètement pure,
la pratique spirituelle prend son sens
véritable et ne se limite pas à une apparence
formelle, mais embrasse toute l'activité
ordinaire : le travail et les situations
quotidiennes de la vie sont aussi la pratique
spirituelle et deviennent, par la présence
de cette motivation pure dirigée vers
tous les êtres, le chemin même de l'Éveil.

Lama Guendune Rinpoché
(maître bouddhiste tibétain ; 1918-1997)

288

Nous ne devrions pas seulement dépenser toute notre énergie à recueillir des informations, mais nous efforcer d'éprouver leur validité en faisant preuve de clairvoyance dans notre vie quotidienne.

Geshe Rabten

(moine tibétain ; 1920-1986)

289
L'être crée des phénomènes
que seul le vide permet d'utiliser.

Lao Tseu

(philosophe chinois ; 570-490 av. J.-C.)

290

Examinez-vous sérieusement
afin de découvrir ce pour
quoi vous êtes faits, et alors
donnez-vous avec passion
à son exécution.
Ce programme clair
conduit à la réalisation
de soi dans la longueur
d'une vie d'homme.

Martin Luther King
(pasteur américain ; 1929-1968)

291

Ce n'est pas dans le monde extérieur
que vous trouverez la paix. Creusez
au plus profond de vous-même
et vous trouverez la perle inestimable.

Mâ Ananda Moyî

(sainte indienne ; 1896-1982)

294

Celui qui désire obtenir la Voie doit s'asseoir dans un milieu désert et fermé. Tandis qu'il expire et inspire, il observe ce mouvement respiratoire, les formes qui apparaissent et il est pleinement conscient. En s'observant et méditant ainsi, il éprouve de la joie.

Siddhartha Gautama, dit le Bouddha
(fondateur du bouddhisme ; 624-544 av. J.-C.)

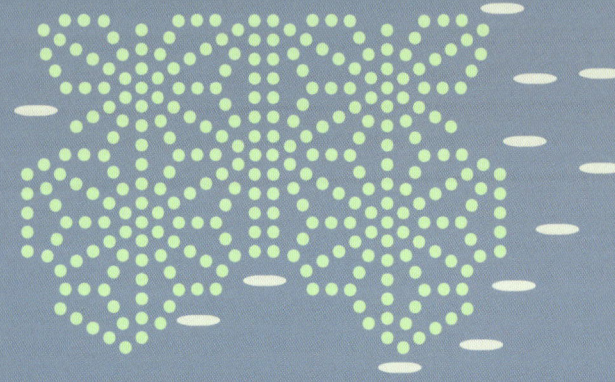

295

C'est l'endroit où l'eau est profonde
qu'elle est la plus calme.

William Shakespeare

(poète et dramaturge anglais ; 1564-1616)

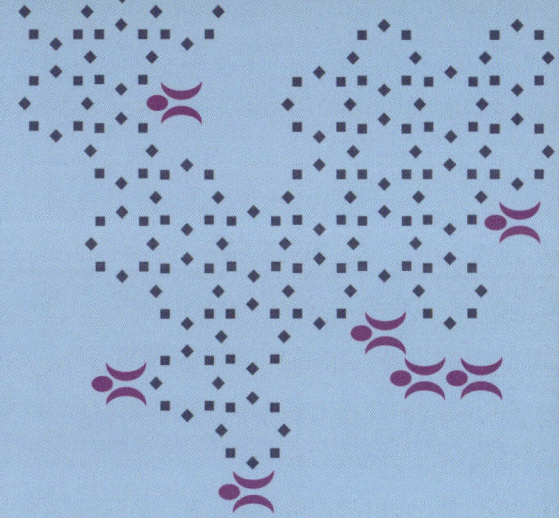

296

Méfie-toi des pensées négatives, car elles s'attaquent au corps et à l'esprit. Elles sont les premiers symptômes du mal. Guéris ton esprit si tu veux guérir ton corps.

Dugpa Rinpoché
(maître bouddhiste tibétain ; contemporain)

297

Sache que l'esprit est semblable à un dessin
tracé sur l'eau, la terre ou dans la pierre.
Chez les personnes agitées, la première image
est la meilleure, pour celles aspirant
au spirituel, c'est la dernière.

Nagarjuna

(philosophe et écrivain bouddhiste indien ; IIe siècle av. J.-C.)

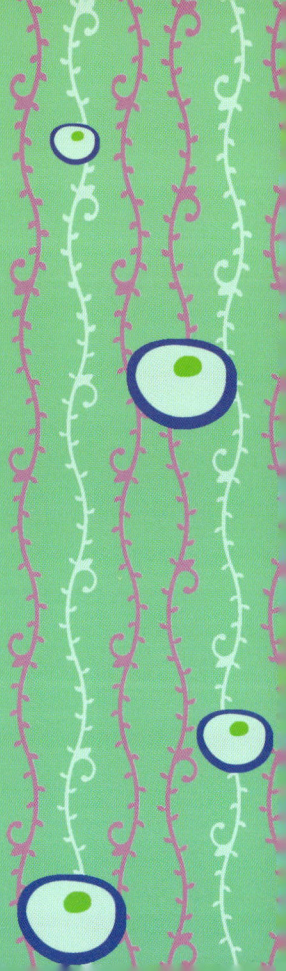

298

Ce qui ne tue pas renforce.

Friedrich Nietzsche

(philosophe allemand ; 1844-1900)

299

L'Éveil contient toute expérience.
Mais celui qui est éveillé est au-delà
de toute expérience.

Nisargadatta Maharaj
(philosophe et mystique indien ; 1897-1981)

300

Nous sommes ici
et maintenant...
Nous en sommes
conscients et le seul
moment à vivre est
cet instant présent.
Unique et merveilleux
moment... C'est le seul
moment qui soit réel.

Thich Nhat Hanh
(moine bouddhiste vietnamien ;
né en 1926)

301

Nous renaissons tous à chaque instant.
En considérant chaque matin comme
une renaissance, nous comprendrons
peut-être que seul ce jour-là existe.

Ayya Khema
(nonne bouddhiste d'origine allemande ; 1923-1997)

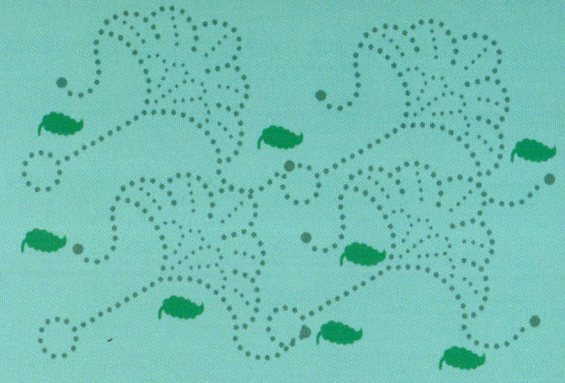

302

Toute destinée, si longue,
si compliquée soit-elle,
compte en réalité un seul moment :
celui où l'homme sait une fois
pour toutes qui il est.

Jorge Luis Borges

(écrivain argentin ; 1899-1986)

303

Vous devez abandonner une pratique fondée
sur la compréhension intellectuelle, courant
après les mots et vous tenant à la lettre.
Vous devez apprendre le demi-tour
qui dirige votre Lumière vers l'intérieur
pour illuminer votre véritable nature.
Le corps et l'âme d'eux-mêmes s'effaceront
et votre visage originel apparaîtra.
Si vous voulez atteindre l'éveil,
vous devez pratiquer l'éveil sans tarder.

Eihei Dôgen
(maître bouddhiste et philosophe japonais ; 1200-1253)

304

La réalité de l'homme
se mesure à l'étendue
de sa conscience.

Rabindranath Tagore
(poète et philosophe indien ; 1861-1941)

305

Le sens des souffrances humaines
est de permettre l'accession à un ordre
spirituel et à des forces supérieures
qui vous libèrent de celles qui
ont provoqué ces souffrances.

Karlfried Graf Dürckheim

(maître zen allemand ; 1896-1988)

306

Nul ne peut atteindre
l'aube sans passer par
le chemin de la nuit.

Khalil Gibran

(poète et peintre libanais ; 1883-1931)

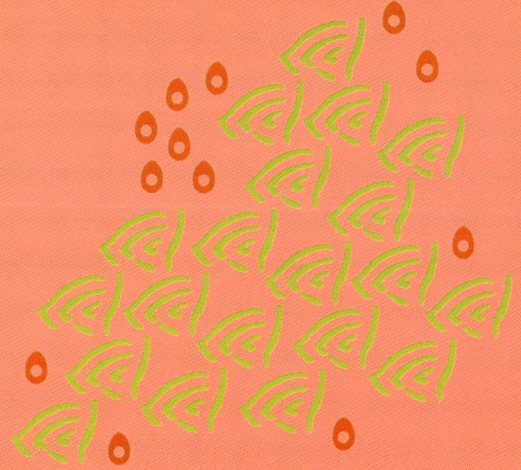

307

Qui n'espère pas
n'atteindra pas l'inespéré
qui est introuvable et inaccessible.

Héraclite

(philosophe grec ; fin du VIᵉ siècle av. J.-C.)

308

L'être ne se saisit qu'au soleil
de son dépouillement, quand
fond la neige du savoir.

Jiddu Krishnamurti

(écrivain et philosophe indien ; 1895-1986)

309

Tant qu'il y a doctrine,
il ne peut y avoir
compréhension.

Mâ Ananda Moyî
(sainte indienne ; 1896-1982)

310

Nous vivons d'une
façon inconsciente
et automatique,
mais chacun peut
apprendre à s'éveiller
par la pratique.

Jack Kornfield
(moine bouddhiste américain ;
né en 1945)

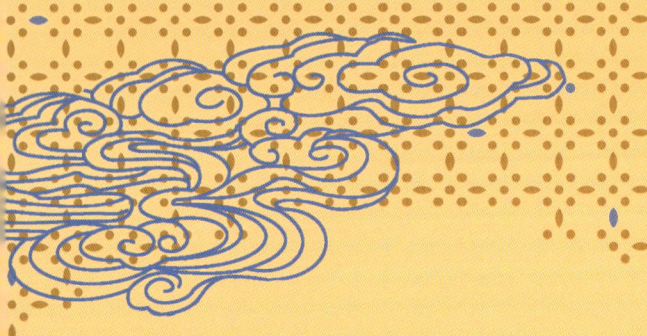

311

L'esprit qui médite sur l'apparition
et la disparition, qui considère
l'impermanence du monde,
on le nomme esprit d'Éveil.

Nagarjuna

(philosophe et écrivain bouddhiste indien ;
II\ :superscript non — IIe siècle av. J.-C.)

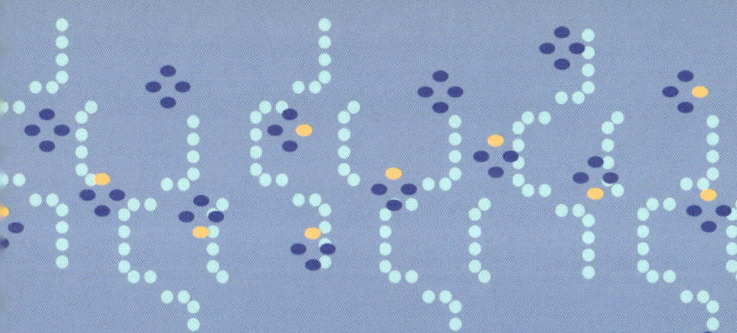

312

**Deux prisonniers,
l'un voit les barreaux de la prison,
et l'autre les étoiles...**

Paul Verlaine

(poète français ; 1844-1896)

313

Ceux qui ne domptent pas
l'éléphant de leur esprit
s'abusent avec les mots
des enseignements.

Milarepa
(moine bouddhiste tibétain : 1040-1123)

314

J'aime mieux forger mon âme
que la meubler.

Montaigne

(écrivain français ; 1533-1592)

315

Quand on fait taire
la pensée et les mots,
il n'est rien que l'on
ne puisse comprendre.

Parole zen

316

Être zen, par essence,
c'est l'art de savoir lire en soi-même.

Suzuki Shunryu Roshi

(maître bouddhiste zen japonais ; 1904-1971)

317

**La libération,
c'est la possession
de soi-même.**

Sri Aurobindo
(philosophe et
mystique indien ; 1872-1950)

318

Être libre, c'est être maître de soi-même.
C'est prendre sa vie en main, au lieu
de l'abandonner aux tendances forgées
par l'habitude et à la confusion mentale.

Matthieu Ricard

(moine bouddhiste français ; né en 1946)

319

Le but de la perfection est une vie libre et dégagée de toute servitude, une vie que ne peuvent entraver aucune circonstance, aucune condition.

Swâmi Râmdas
(philosophe et mystique indien : 1884-1963)

320

La pleine conscience est une énergie
qui nous permet de réaliser ce qui se passe
dans le moment présent. Nous sommes
tous capables de générer cette énergie.
Il suffit de faire attention à notre
respiration car l'énergie de la pleine
conscience réside dans le souffle.

Thich Nhat Hanh
(moine bouddhiste vietnamien ; né en 1926)

321

C'est dans l'humble et
dans l'obscur que se révèle
la lumière céleste.

Henry David Thoreau
(philosophe américain ; 1817-1862)

322

Le mental vit dans un cercle
vicieux. Il crée lui-même
les problèmes et essaie ensuite
de les résoudre.

Swâmi Prajnanpad
(maître indien ; 1891-1974)

323

**Il ne s'agit pas d'atteindre
la perfection, mais la totalité.**

Carl Gustav Jung

(psychiatre suisse ; 1875-1961)

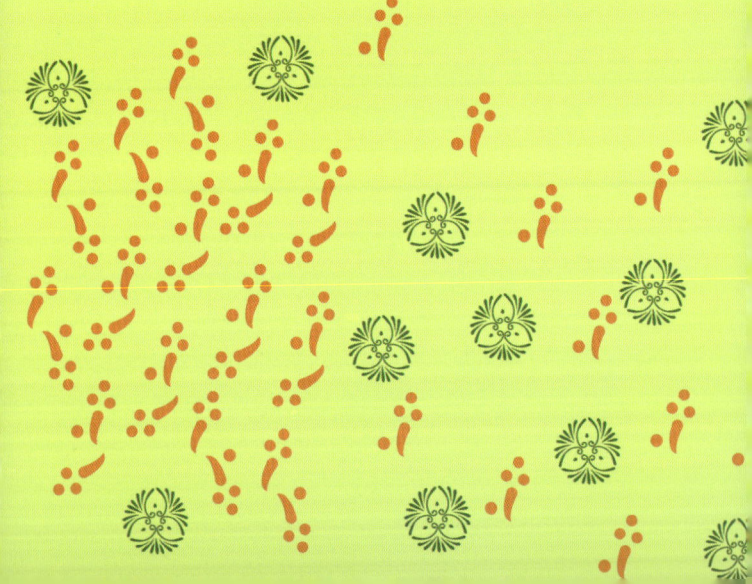

324

**Lorsque l'esprit est libre,
tout est libre autour de soi.**

Koan zen
(court aphorisme à méditer)

325

**Vous devez rester conscient
à chaque instant de votre vie
quotidienne, pleinement conscient
de ce que vous faites, de pourquoi
et comment vous le faites.**

Lama Thubten Yeshe

(maître tibétain ; 1935-1984)

326

L'ego n'existe
que par ses limites,
et il périt par la perte
de ses limites.

Srî Aurobindo
(philosophe et mystique indien ;
1872-1950)

327

Vous ne marchez pas sur la Voie tant
que vous n'êtes pas devenu la Voie.

Parole zen

328

La conscience des mots amène à la conscience de soi : à se connaître, à se reconnaître.

Octavio Paz
(poète et diplomate mexicain ; 1914-1998)

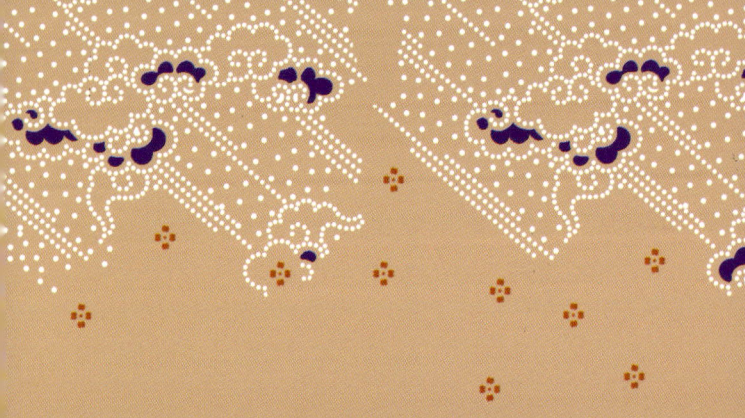

329
L'être d'un être
est de persévérer dans son être.

Baruch Spinoza
(philosophe hollandais ; 1632-1677)

330

Tout effort que l'on fait dessert la pratique, car il fait des vagues dans notre esprit. D'autre part il est impossible d'atteindre le calme absolu de l'esprit. Il faut donc faire un effort, mais il faut s'oublier dans cet effort.

Suzuki Shunryu Roshi
(maître bouddhiste zen japonais ; 1904-1971)

331

Il faut choisir en tout,
un milieu juste et bon.
Aucun homme n'est libre
s'il ne sait pas se contrôler.

Pythagore
(mathématicien et philosophe grec ;
580-497 av. J.-C.)

332

Si vous vivez l'instant
dans l'attitude sans choix,
si vous jouez avec lui,
il devient méditatif.

Acharya Rajneesh, dit Osho
(maître spirituel indien ; 1931-1990)

333

**Toute réponse
est une question.**

Yvon Rivard

(écrivain canadien ; né en 1945)

334

Si vous êtes le Rêveur,
je suis ce que vous rêvez.
Mais lorsque vous voulez vous éveiller,
Je suis votre souhait
Et je me renforce dans la magnificence
Et me transforme dans le silence vaste
d'une étoile
Au-dessus de la cité distante et étrange,
Le Temps.

Rainer Maria Rilke

(poète autrichien : 1875-1926)

335

La seule possibilité de donner
un sens à son existence,
c'est d'élever sa relation naturelle
avec le monde à la hauteur
d'une relation spirituelle.

Albert Schweitzer

(médecin français ; 1875-1965)

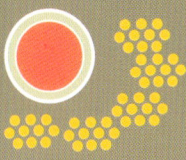
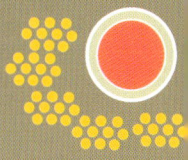

336

**Aspirer à ne plus rien avoir
à désirer est votre vraie nature.**

Mâ Ananda Moyî

(sainte indienne ; 1896-1982)

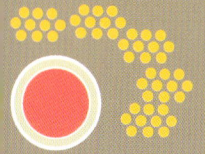
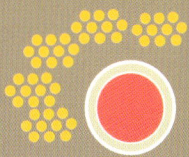

337

La vérité naît lorsqu'il y a cessation
complète de la pensée ; et la pensée
ne disparaît que lorsque le moi
est absent.

Jiddu Krishnamurti
(écrivain et philosophe indien ; 1895-1986)

338

Il n'est aucune souffrance
du corps qui ne profite
à l'âme.

George Meredith
(romancier britannique : 1828-1909)

339

**La luminosité
de la méditation
ressemble au flot
de la rivière.**

Milarepa
(moine bouddhiste tibétain ;
1040-1123)

340

La bouddhéité consiste
à évacuer de son esprit
la totalité des souillures
de l'ignorance, à abandonner
la totalité des causes les plus
subtiles de la souffrance
et à obtenir la plénitude
des qualités, les plus subtiles
soient-elles.

Patrul Rinpoché
(moine tibétain ; 1808-1887)

341

Le monde dans lequel chacun vit dépend de la façon de le concevoir.

Arthur Schopenhauer
(philosophe allemand ; 1788-1860)

342

Referme ton livre. Pense librement
et regarde librement le ciel
et la terre.

Omar Khayyâm
(poète et mathématicien persan ; 1048-1122)

343

**Un chercheur doit combattre
ses sens pour obtenir la victoire
spirituelle.**

Paramahansa Hariharananda

(mystique indien ; 1908-2002)

344

De même qu'on peut monter
sur une maison au moyen d'une échelle,
d'un bambou, d'un escalier, d'une
corde, ou par divers autres moyens,
de même les chemins et les manières
d'arriver à Dieu sont multiples.

Râmakrishna
(brahmane bengali : 1834-1886)

345

Libère-toi de l'ego
et agis selon le Soi.

Parole zen

346

Si un homme désire être
sûr de la route qu'il suit,
qu'il ferme les yeux
et avance dans le noir.

Saint Jean de la Croix
(religieux espagnol ; 1542-1591)

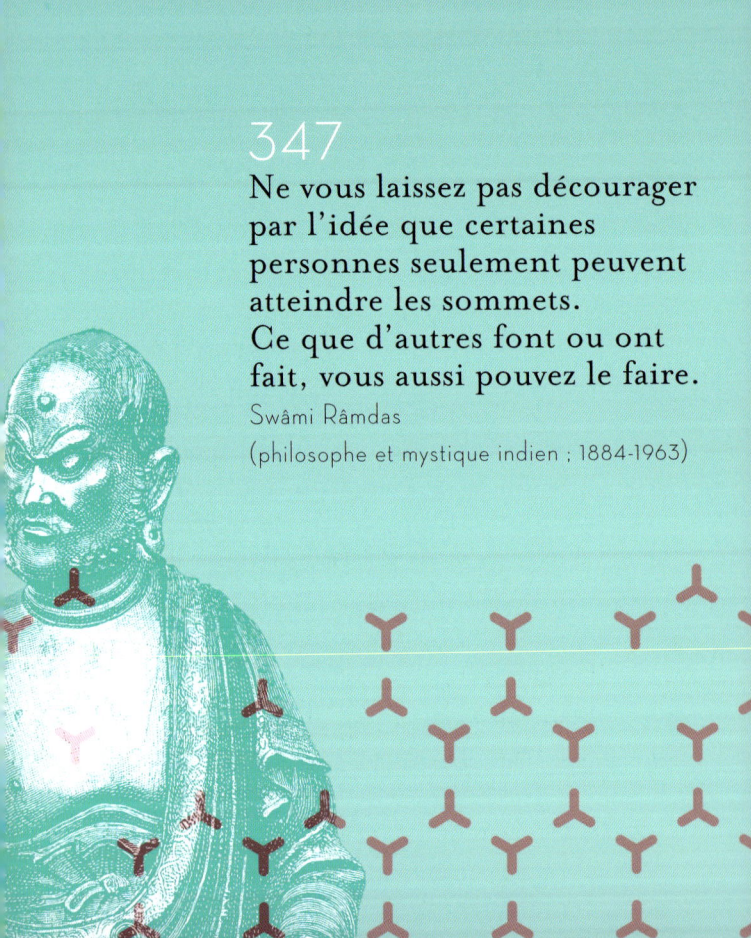

347

Ne vous laissez pas décourager par l'idée que certaines personnes seulement peuvent atteindre les sommets.
Ce que d'autres font ou ont fait, vous aussi pouvez le faire.

Swâmi Râmdas

(philosophe et mystique indien ; 1884-1963)

348

L'étoile est belle parce
qu'elle laisse deviner l'infini
dont elle s'entoure.

Jacques Salomé
(psychologue français ; né en 1935)

349

L'attachement est la grande
source des illusions. La Réalité
ne peut être atteinte que
par celui qui est détaché.

Simone Weil
(philosophe française ; 1909-1943)

350

Celui qui sait méditer sur
l'impermanence et la mort,
fût-il le plus saint des hommes,
celui-là est pareil au fou.

Tsangyang Gyatso
(dirigeant politique et spirituel tibétain,
6ᵉ dalaï lama ; 1682-1706)

351

Ce qu'il y a devant nous et ce que
nous laissons derrière, cela est peu de chose
comparativement à ce qui est en nous.
Et lorsque nous amenons dans le monde
ce qui dormait en nous, des miracles
se produisent.

Henry David Thoreau
(philosophe américain ; 1817-1862)

352

Dans la vie du monde on saisit toujours un objet particulier. Mais qu'arrive-t-il quand on sent et qu'on réalise qu'il n'y a rien à saisir ? Il y a une disparition complète de la conscience du monde et quand ce sentiment se cristallise, on sent : « tout est à moi, tout m'appartient ». L'éveil n'est rien d'autre que cela.

Swâmi Prajnanpad
(maître indien ; 1891-1974)

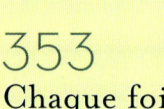

353

Chaque fois que tu essaies
d'atteindre ta cible,
tu lui tournes le dos.

Parole zen

354

**Trouver Dieu ne signifie
que trouver son propre Soi.**

Mâ Ananda Moyî

(sainte indienne ; 1896-1982)

355

Rien ne sert de tirer
sur un brin d'herbe
pour le faire pousser.

Parole zen

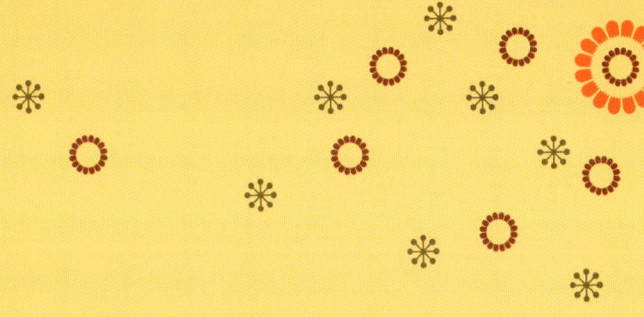

356

**Les hommes construisent
trop de murs et pas assez
de ponts.**

Isaac Newton
(physicien et philosophe anglais ; 1642-1727)

L'idéal est pour nous
ce qu'est une étoile pour
le marin. Il ne peut être
atteint, mais il demeure
un guide.

Albert Schweitzer

(médecin français ; 1875-1965)

La sérénité est une conquête.

André Maurois

(écrivain français ; 1885-1967)

359

En réalité, le gourou habite en vous et vous ne réaliserez rien tant que vous n'aurez pas découvert votre gourou intérieur.

Mâ Ananda Moyî

(sainte indienne ; 1896-1982)

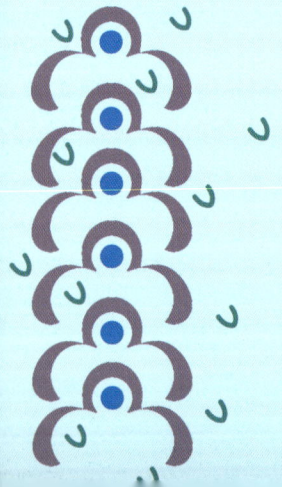

360

Qui vit en paix avec
lui-même vit en paix
avec l'univers.

Marc Aurèle
(empereur et philosophe romain ;
121-180)

361

Plus tu sais, moins tu comprends.

Lao Tseu

(philosophe chinois ; 570-490 av. J.-C.)

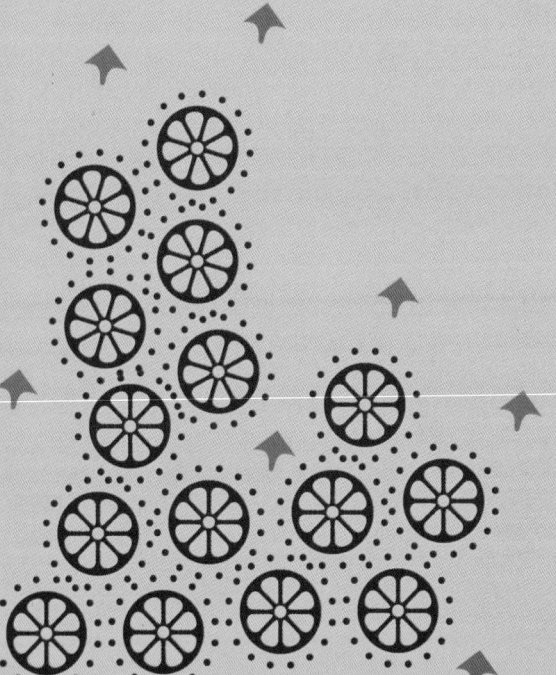

362

Celui qui est le maître
de lui-même est plus grand
que celui qui est le maître
du monde.

Siddharta Gautama, dit le Bouddha
(fondateur du bouddhisme ;
624-544 av. J.-C.)

363

La bougie ne perd rien de sa lumière
en la communiquant à une autre bougie.

Proverbe japonais

364

**Tu cesseras de craindre
en cessant d'espérer.**

Sénèque
(philosophe latin ; -4 av. J.-C. - 65 ap J.-C.)

365

**Si quelque chose s'achève,
il nous faut penser que
quelque chose commence.**

Rudolph Steiner

(guide spirituel autrichien ; 1861-1925)

INDEX
DES AUTEURS
CITÉS

NOTES

NOTES

NOTES

NOTES

NOTES

NOTES

NOTES

NOTES

NOTES

© 2010, Hachette-Livre – Éditions du Chêne

www.editionsduchene.fr

Responsable éditoriale : Nathalie Bailleux
avec le collaboration d'Émilie Guerrier
Suivi d'édition : Flavie Gaidon
Directrice artistique : Sabine Houplain
Conception graphique et réalisation : Caroline Rimbault
Fabrication : Amandine Sevestre

Photogravure : APS Chromostyle
Achevé d'imprimer en Italie
Dépôt légal : janvier 2010
ISBN : 978-2-81230-149-0
34/2311/8 - 01